神的遊戲

印度靈性導師
拉瑪那尊者的傳奇故事

A Biography of Bhagavan Sri Ramana Maharshi

Sri Ramana Leela

周如怡 中文翻譯
平加利・蘇利亞・孫德倫 Pingali Surya Sundaram 英文編譯
克里虛那・畢克修 Sri Krishna Bhikshu 泰盧固語原著

國家圖書館出版品預行編目(CIP)資料

神的遊戲：印度靈性導師拉瑪那尊者的傳奇故事 /
克里虛那．畢克修 (Sri Krishna Bhikshu) 原著；
平加利．蘇利亞．孫德倫 (Pingali Surya Sundaram) 英文編譯；周如怡中文翻譯．
-- 初版．-- 臺北市：紅桌文化，左守創作，2018.10
300 面；14.8*21 公分．-- (真我；6)
譯自：Sri Ramana Leela : a biography of Bhagavan Sri Ramana Maharshi
ISBN 978-986-95975-3-1(平裝)
1. 拉瑪那 (Ramana, Maharshi) 2. 傳記 3. 印度教 4. 靈修
274 107012125

Sri Ramana Leela: A Biography of Bhagavan Sri Ramana Maharshi
by Sri Krishna Bhikshu

English Translation by Pingali Surya Sundaram
Chinese Translation by Juyi Roshnii Chou

undertablepress.com
117 Dazhi Street, 5F,
10464 Taipei, Taiwan

真我 6

神的遊戲

印度靈性導師

拉瑪那尊者的傳奇故事

Sri Ramana Leela

A Biography of Bhagavan

Sri Ramana Maharshi

作者　克里虛那・畢克修 Sri Krishna Bhikshu
英文編譯　平加利・蘇利亞・孫德倫 Pingali Surya Sundaram
譯者　周如怡
美術　Lucy Wright
總編輯　劉粹倫
發行人　劉子超
出版者　紅桌文化／左守創作有限公司
http: / /undertablepress.com
10464 臺北市中山區大直街 117 號 5 樓
Fax: 02-2532-4986
印刷　約書亞創藝有限公司
經銷商　高寶書版集團
11493 臺北市內湖區洲子街 88 號 3 樓
Tel: 02-2799-2788 Fax: 02-2799-0909
書號　ZE0134
ISBN　978-986-95975-3-1
初版　2018 年 10 月
新台幣　380 元
台灣印製

導讀

蔡神鑫

印度靈性導師拉瑪那尊者（Sri Ramana Maharshi, 1879-1950）在世時，其親近信徒便已著手撰述他的生平傳記，其中有三個主要的版本：一是B．V．納雷辛荷（B. V. Narasimha）用英文寫的《了悟真我》（*Self-Realization*），二是畢克修（Krishna Bhikshu）用泰盧固文寫的《神的遊戲》（*Sri Ramana Leela*，亦即本書原文版），三是巴拉提（Suddhananda Bharati）用坦米爾文寫的《拉瑪那傳》（*Sri Ramana Vijayam*）。這三個版本中，只有畢克修本人，在撰寫期間時常造訪道場，親晤拉瑪那，請求訂正內容，而其他兩人在撰書時，不曾前來面晤拉瑪那。⋆ 專研拉瑪那的知名學者大衛．戈德曼（David Godman）據此而評定畢克修的泰盧固文版本，是三版本中最具權威性的版本。⋆⋆ 雖然納雷辛荷的版本，在西方世界甚為風行，但衡之這兩個版本內容的真實程度，則大衛．戈德曼的論斷，誠屬公允。今最具權威的泰盧固文版傳記已有英譯本⋆⋆⋆，現在由紅桌文化轉譯成中文，在台問世，實乃全球華文讀者一大福音，令人額手稱慶之至！

* David Godman, ed., *Power of Presence*, Part Three (Boulder, Co.: Avadhuta Foundation, 2008) p. 69. A. Devaraja Mudaliar, ed., *Day by Day with Bhagavan* (Tiruvannamalai: Sri Ramanasramam, 2002) p. 124, 129, 130-1, 248.

** David Godman, Ibid.

*** David Godman 約於二〇〇二年評鑑此三版本，對於泰盧固文版尚無英文譯本，感到遺憾，所幸於二〇〇三年，孫德倫（Pingali Surya Sundaram）將之翻成英文。參閱 David Godman, Ibid. 及 Krishna Bhiksu, *Sri Ramana Leela: A Biography of Bhagavan Sri Ramana Maharshi*, trans: Pingali Surya Sundaram（Tiruvannamala: Sri Ramanasramam, 2006）p.p. v-vi.

目錄

序

原以泰盧固語寫成的《神的遊戲：拉瑪那尊者的傳奇故事》，是拉瑪那道場在拉瑪那尊者生前，為其出版的三部傳記之一。另外兩部是英語《了悟真我》及坦米爾語的《拉瑪那傳》。

泰盧固語傳記《了悟真我》的作者是克里虛那．畢克修（Sri Krishna Bhikshu, 1904-1981），本名維洛甘地．凡卡他．克里虛那亞（Voruganti Venkata Krishnayya），是律師，曾任政府官員。自一九三〇年代早期，便經常造訪拉瑪那道場。

《神的遊戲》於一九三六年首次出版，之後幾次再版又經過改寫。此書有許多關於拉瑪那尊者的珍貴細節，值得讓更多人知道，因此有此英譯本的問世。目前已有許多尊者相關的英語文獻，希望這本傳記能為之增色。

蒂魯瓦納瑪萊主席

二〇〇三年一月八日於拉瑪那道場

向薄伽梵拉瑪那尊者致意

英文版譯序

薄伽梵尊者實在是撲朔迷離。正當我以為，我在超過十年前所做的文學小嘗試已劃上句點時，卻接到拉瑪那道場主席打來的長途電話。拉瑪南尊者（Sri V. S. Ramanan）請我將克里虛那．畢克修以泰盧固語寫成的拉瑪那尊者傳記《神的遊戲：拉瑪那尊者的傳奇故事》譯為英文。我明白這是艱鉅的任務，但我將之視為薄伽梵尊者的命令，馬上同意了。我深信薄伽梵尊者會確保任務順利完成。

接到此任務前不久，我曾試著讀這本書，卻因太過艱難而放棄。克里虛那．畢克修的這部作品，於一九三六年首次出版，之後幾經改寫，是以當時學術圈及婆羅門學者偏好的高度古典、梵文化風格寫成，有許多在我看來艱澀繁複的段落；有些地方敘述不順暢，不合邏輯。這種寫作風格早就過時了。

翻譯本書，我面對許多艱難抉擇，最後決定不應逐字翻譯，而是儘量貼近原意。為此，我將許多段落換句話說、重新編排，提升整本書的可讀性。剩下的，得由讀者評價這些努力了。

過程中，承蒙海德拉巴大學英語系教授莫函．拉瑪南（Mohan Ramanan），以及我在同系任教的女兒賽拉雅博士（P. Sailaja）的慷慨協助。兩位並沒有看過泰盧固語全文，但他們看過譯稿後給了許多寶貴意見。原文中引用許多梵文，幸有前海德拉巴泰盧固學院副校長波朗其．德克希納穆提（Poranki Dakshinamurty）博士惠予解釋。我謹在此對他們表達誠摯謝意。我也要感謝拉瑪南尊者給我這個機會。願薄伽梵尊者賜予他們無盡恩典。

本書實源於薄伽梵尊者的恩典。我謹將拙作獻給祂，尊者慈悲為懷，相信會欣然接受的。

P．S．孫德倫

二〇〇三年七月十七日於海德拉巴

1 降生

這天是阿爾卓節，為了紀念濕婆履行了諾言，祂在達魯卡森林答應了阿迪瑟沙，於祁丹巴蘭為帕坦加利及眾人展示了「喜悅之舞」。在蒂魯丘立村，布米那瑟史瓦瑞神和妻子莎哈雅芭的神像繞街賜福信徒，現在正要抬回廟裡。

孫德倫．艾耶的家座落在廟宇的東北方，妻子阿樂葛瑪正在分娩，即將誕生的是她第三個孩子。家中還有他的母親拉西米．阿卯，還有一位老眼昏花的鄰居阿嬤。*

一八七九年十二月廿九日午夜剛過，已是十二月三十日。月亮落在布納瓦蘇（雙子星座及巨蟹之間星座）。布米那瑟史瓦瑞的神像在廟口前頓了一會兒，就在這時，那戶人家誕生了一名男嬰。孫德倫．艾耶的母親難掩失望，鄰居的婦人問其原因，她回答：「妳也知道我女兒拉西米已經不在了，她只留下一個兒子羅摩史瓦米在這裡長大。我媳婦頭胎是個女孩，夭折。第二胎是納格史瓦米，現在又添了個男丁。這胎若是女孩，就可以嫁給我外孫。現在已經沒機會了！家族血脈怎麼延續？我怎麼這麼命苦？」鄰居老婦勸道：「別再這麼說了。

---

*此屋後由拉瑪那道場接管，是為孫德倫故居。內有拉瑪那尊者相片，每日皆開放供奉。

這男孩很可愛，有神聖光輝。妳難道看不出他是上主轉世？有什麼好哭的？」

這位鄰居的老婦人都快看不見了，她是怎麼知道的？

根據印度陽曆，此日為帕馬地年馬加基月十六日*。陰曆為帕馬地年，馬加西薩月，下弦第二日，晚間十九又二分之一加地斯，天平座上升。

2 家族

家族信奉聖維卡特史瓦瑞，尊者的伯父因此得名維卡特史瓦瑞．艾耶。他善良虔誠，所得半數皆奉獻給女神莎哈雅芭，不到十八歲就厭倦紅塵，說要去馬杜賴附近的蒂魯帕朗昆札，便再也沒回家。他在祁丹巴蘭出家，為信眾打掃寺廟周圍的小徑。新生男嬰依伯父及家族神祇，取名為維卡特史瓦瑞。

孫德倫．艾耶的另一位伯父也是一介僧人，濕婆南達瑜伽行者。因此當他們的父親納格史瓦米．艾耶，在孩子成年前辭世後，孫德倫．艾耶便挑起了全家的重擔。十六歲的他成了

* 譯注：印度陽曆六十年為一循環，各年份有其專屬名稱。

辦事員，月薪兩盧比。孫德倫聰明勤奮，很快就學會了起草法律文件；他人緣好，對官員和一般大眾都很有辦法，所以他沒有參加考試，便取得辯護人資格，這在當年是被允許的。他的事業扶搖直上，手頭漸寬裕，於是蓋了一幢大房子，一邊是住家，另一邊接待賓客。派駐到蒂魯丘立的官員會來此居住，直到找到居所為止。

孫德倫．艾耶經歷過苦日子，因此對需要幫助的人總是敞開大門。阿樂葛瑪從不拒絕乞食的人，有如安娜普納女神再世。夫妻倆因樂善好施、廣結善緣而遠近馳名。事實上，「孫德倫」和「阿樂葛瑪」這兩個名字，都有美麗的意思！

家中定期祭拜濕婆、毗濕奴、象頭神、太陽神、至上大力。孫德倫．艾耶身為村中長老，協助舉辦廟宇的神劇表演，贊助廟宇活動。他從不四處炫燿自己虔誠；或許更偏好真知瑜伽法門。他生性嚴肅，和妻兒、兄弟都不甚親近。但妻子阿樂葛瑪卻不吝於展現其虔誠，四處唱誦《南面神濕婆贊》等吠陀詩篇。她決心勤學虔誠歌曲，為學習新曲，會造訪村人請教，她也受點化，學習「創造力量五音咒」法門。她依循傳統信仰，定期祭祀太陽神。

孫德倫．艾耶家族譜系屬於達羅毗荼、斯馬他、布拉恰拉納一支。奉行《伽尤沙卡經》及《阿巴斯坦寶經》，和瓦西斯塔．夏克提．帕拉撒拉智者同屬帕拉撒拉族。家族姓蒂魯丘立。

3 童年

維卡特史瓦瑞是個特別的孩子，不大愛說話，也不與其他孩子吵架。有個與他年紀相仿的親戚，名叫米納卡希。若米納卡希沒有吸奶，他也不會吸吮母親的乳房，對自己進食與否十分漠然，笑容甜美和善，不露一絲遲疑。

入學時，承辦員將他的名字記為維克達拉瑪，後來便以此名相稱。家族近親拉克施曼．艾耶通曉泰盧固語，喚這孩子做「拉瑪那」，有時也會喚他「親愛的拉瑪那」。「那亞那」在泰盧固語中是「父親」，也是一種親膩的表示。這孩子遵循泰盧固習俗，稱父親為「那亞那」，雖然一開始沒有人這麼叫，但不久之後，其他家族成員也群起傚尤，喊孫德倫作「那亞那」，甚至連家族以外的人也跟著叫。

事情總是會照維克達拉瑪所言發生。一日，孫德倫．艾耶準備出差洽公。他在車上放了兩個枕頭，這孩子說：「那亞那，第一個枕頭會掉。」父親沒有留意就離去。出發不久，預言便成真，孫德倫．艾耶十分詫異，這孩子怎會預先知道？

八歲那年，維克達拉瑪做了入學禮，學著依習俗說：「我，維克達拉瑪會服從。」學校位於廟中的側殿，校長是馬杜賴．那亞根．皮萊。學生都是坦米爾人，當時的學制異於今日，最高至五年級。孫德倫·艾耶要兒子學習英語，未來好謀個公職，只是蒂魯丘立並無英語教師。

孫德倫·艾耶有兩個弟弟，較長的舒巴·艾耶是丁迪古爾地方註冊署的辦事員，此處有個印度教學校教授英語。於是他把長子納格史瓦米送到這裡求學；一八九一年，也把維克達拉瑪轉學，加入六年級。

這兩兄弟就像《摩訶婆羅多》裡的羅摩和拉克施曼一樣，拉克施曼總有猴子相助，而兩兄弟身邊總有一群男孩相挺！他們倆為人親切、體魄強健。哥哥擅於在樹枝上跳躍，暱稱為「猴子」；弟弟總是贏家，被認為有「神觸」或「黃金手」，讓人聯想到濕婆的聖名「希朗亞巴胡」（有一對金手臂）。兄弟倆熱衷體操、摔角、足球。弟弟無特殊偏好，總是跟著哥哥。若有人挑釁，維克達拉瑪絕不手下留情，因此年長的孩子也不敢進犯，他也從來不怕挨揍。

維克達拉瑪睡得很沉。他們在丁迪古爾的家位於阿畢拉米·阿曼·寇維街。一回舒巴·艾耶的兒子斯里尼瓦生日，晚餐後家族前往廟中，留下維克達拉瑪看家。不一會兒，他鎖上門睡著了。全家夜深返家，敲門卻無回應。他們用力撞門，發出巨大聲響，還引來了鄰居的注意，但卻沒人應門，大家都以為維克達拉瑪出了意外。幾次嘗試，門終於打開。他們圍著維克達拉瑪，用各種辦法把他叫醒，只是他睡眠之沉讓眾人不可思議，媲美傳奇人物昆巴卡那。這件事被一些之前被維克達拉瑪打過、卻不敢報復的同學知道了，於是趁他睡覺時，把他帶到偏遠處揍一頓再送回床上。直到隔天，維克達拉瑪才從他們的言談中猜到前一晚發生什麼事。有些人以為維克達拉瑪當時是在夢遊，這是誤解。

「至上大力」有兩種，分別作用於心靈層面與現實層面。熟睡時，至上大力蟄伏在體內，清醒則發散。因此睡醒時身體會充滿能量。修行者運用意志力讓力量不會經由感官散溢，而往內轉向「真我」。熟睡是無意識動作，因此也是無知狀態。但三摩地是有意識的行為，是真知狀態。拉瑪那透過熟睡蓄積能量，讓身體在日後能持續苦行。

兄弟倆對讀書興趣缺缺。哥哥或許好些，弟弟則只有見到老師時，才會驀然記得有讀書這回事！不過他聞事不忘，特別喜歡背誦坦米爾詩詞。他對成為學者從無興趣，也無人有此期待。

一八九一年舒巴．艾耶轉調至馬杜賴，兄弟倆也跟著搬家，進入北阿瓦尼街上的史考特中學就讀。他們住在北齊塔利街。

4 黎明

岡汀耶河蜿蜒過蒂魯丘立東北和東南隅，以「罪人的救贖」遠近馳名。大饑荒時，智者岡汀耶做濕婆苦行，此河於焉而生。傳說，索馬席拉的馬瓦國王患有痲瘋，聽聞此河能洗淨罪過，前往沐浴。此河果不負盛名，國王不藥而癒。蒂魯丘立湖有個特別之處：水位較鎮上地平面來得高，卻從未氾濫。廟宇對面有處河床稱為「索拉聖泉」。傳說在一場洪水中，濕婆以三叉楫抬起此地，水皆沒入其下，村莊於是免於滅頂，此地名稱由此而來：「蒂魯」意為「神聖」，「丘立」則是「漩渦」。索拉聖泉在廟宇湖的大殿東側，馬伽月時，水位漸升，至第十日漲滿。大殿行濕婆灌頂，其後十日水位漸降。無論雨勢大小，此現象從未間斷。此地水位與鎮上水井水位無關。於索拉聖泉沐浴，可治癒數種皮膚疾病。

孫德倫．艾耶於鎮上東北邊陲購地，捐作公共墓園。

一八九二年孫德倫．艾耶病倒。舒巴．艾耶和姪兒們前去探視。但不出四日，便撒手人寰，享年四十七，葬於他所捐贈的墓園。

孫德倫．艾耶受眾人敬愛，連盜匪也對他敬愛有加。身後遺孤有四：長子納格史瓦米十四歲、維克達拉瑪十二歲、納格孫德倫六歲、阿樂美露尚在襁褓中。

葬禮後舒巴．艾耶與納格史瓦米、維克達拉瑪回到馬杜賴，阿樂葛瑪和兩名幼子留下，由舒巴．艾耶之弟納里爾巴．艾耶負責照料。

家變之後，納格史瓦米開始用功向學，維克達拉瑪卻一如往常。除了原本的運動之外，他學會了在瓦加河、皮拉亞湖游泳，把裝滿水的小容器像球一樣拋接，一滴都不會濺出。為了半夜去瓦加河玩耍，小男生在床上放了枕頭，蓋上棉被，假裝有人在床上睡覺。他們翻牆而出，身影消失在夜色之中。玩伴會在附近花園的牆角放塊石子做暗號，意思是有人出發往瓦加河去了，玩到凌晨兩三點才回家。此外，這些男孩也喜歡有洪水時，在湍急的瓦加河中游泳。

維克達拉瑪從小說話就頗具權威。回教徒阿布杜．瓦哈比是足球隊隊長。一回維克達拉瑪去瓦哈比家，得知他們吃葷，當場抗議。瓦哈比從此便不再吃葷！他後來在警察單位服務，退休時官至警司。

舒巴．艾耶搬至喬克帕．納誠街。*

九年級開始，維克達拉瑪進入美國教會中學。同一組織的學院就在附近。日子平淡、緩慢、漫無目的。假日時會回到蒂魯丘立。

一八九五年十一月，維克達拉瑪正就讀九年級。早上十點在上學途中，巧遇親戚拉克施

---

* 此屋現由拉瑪那道場接管，稱「拉瑪那故居」。每日有供奉。

曼·艾耶兄弟的兒子羅摩史瓦米·艾耶。他住在蒂魯丘立，是親戚長輩。維克達拉瑪很自然地問：「您從哪裡來的？」親戚答道：「聖山阿魯那佳拉。」維克達拉瑪從小便耳聞「阿魯那佳拉」，但不知其確切地點、景色，也不知道名字的意涵。但是，那天他感到聖山的名字像是偉大、不可企及、權威、絕對喜悅的存在。竟然可以造訪這樣的地方？他心中滿是歡喜。「阿魯那佳拉」意即聖地，山中每一個分子都可讓人解脫，無所不知，寧靜深沉，讓人不可直視。

「什麼？阿魯那佳拉？在哪裡？」他問。這位親戚有些吃驚：「你竟然不知道？」繼續說：「聽說過蒂魯瓦納瑪萊嗎？那就是阿魯那佳拉。」男孩心中一沉，有如洩了氣的皮球。維克達拉瑪早就耳聞此名多次，從未有所感應。這回是怎麼了？

維克達拉瑪人生中尚未有任何靈性騷動，甚至數次對供品十分不敬。他定時膜拜濕婆，在重要日子造訪廟宇，但皆出於形式，非內心的渴望。

一回在節慶期間，小孩傍晚來到蒂魯帕朗昆札。饑腸轆轆，菜卻還未上。廟方工作人員恰好出門，小孩撬開了廚房門鎖，拿走食物到河邊飽餐一頓，吃不完的就丟下，清洗身子後，回頭和大夥兒又一起享用佳餚！這不就是受維克達拉瑪加持過的供品嗎？通常人不吃尚未奉獻給神的食物，吃了是不當之舉。許久之後，上師說：「那食物確實供奉給神了。」誠然！它的確是奉獻給了理當接受奉獻者！

學校教授《聖經》。維克達拉瑪尚且對世俗教育興趣缺缺，遑論《聖經》？

但當時被觸動的情感又是怎麼回事？維克達拉瑪和阿魯那佳拉之間的因緣為何？

5 早年的執著

一兩個月後，維克達拉瑪偶見舒巴．艾耶借來的坦米爾史詩《神聖虔誠者傳奇》。史詩的背景如下：

裘拉地區的統治者阿那帕耶．裘拉是耆那教徒，迫害濕婆教徒。詩人色吉扎曾遭迫害，心想：「坦米爾第七世紀的聖人蒂魯那伍克勒色（尊稱為阿帕，父親之意）捐出所有繼承財富，皈依耆那教。後由於姊妹之助，改信濕婆教。為何當今聖上未能如此？此處為濕婆之地，有十二處聖地，六處與庫瑪拉相關之聖地，分別代表五大元素的五個林伽，一千零八個濕婆聖地。第六至第八世紀時，偉大的濕婆使徒團全心奉獻於禮讚濕婆，意念沉浸於濕婆的莊嚴法相，視己為濕婆腳邊之塵土，讚美濕婆，唱頌歌曲，為眾人帶來無上歡喜。當今聖上若聽聞這些虔誠者之事，必會皈依。我當將記錄下來。」但他卻寫不出隻字片語，無助地向濕婆神祈禱哭泣，濕婆於是親自說出了第一個字。此後拜濕婆賜福，色吉扎的虔誠源源不絕地流出，寫就《神聖虔誠者傳奇》。詩人在袞拉國王和那塔拉雅前朗誦，得到祝福。《神聖虔誠者傳奇》是維克達拉瑪所讀的首篇宗教文字，這讓他進入一全新世界，越讀越是求知若渴。時間之神即故事中的君王，因此對時間無所懼。出場人物皆是濕婆歡喜的信徒；濕婆的智慧洋溢著虔誠、愛、和平、喜悅。

維克達拉瑪益發虔誠，對這些信徒的敬意日增：為其艱苦而悲痛，為其勝利而歡欣。聚精會神於這些信徒時，他感覺濕婆也正注視著他。閱畢，他的情感也消失，回復平常的樣子，似乎忘了所有的信徒的故事，心思已不在他們身上了。

維克達拉瑪的日子平靜如深不可測的河流，偶爾當然不乏漩渦。他生性敏感，不容責罰。小時候，一回在蒂魯丘立遭孫德倫．艾耶責罵，非常受傷，結果用餐時間沒有現身，眾人四處尋找，最後在供奉莎哈雅巴的小廟尋得。大家猜測，或許他前去尋求聖母安慰。確實發生過這種事。

維克達拉瑪生性樂於助人，幫忙母親阿姨做家事，不解之人取笑他是娘娘腔。一些心理學家認為只有女性和男性特質平衡之人，方能拯救人類。和平、優雅、愛、同理心是女性特質，而決心、勇氣、力量屬男性特質。缺乏適當的男女性特質，也無法享有完整光榮的人生。有比上主克里虛那更優雅、同時更勇敢的人嗎？上主伊濕瓦若不也是「半男半女」？生性若完全柔軟，就如無法獨自存活的藤蔓；同理，堅毅的勇氣，有如沒有汁液的樹幹，也只能奄奄一息。而維克達拉瑪兼具兩者，因此得為人類的救贖者。

6 重生

一年過去，日子照舊。一八九五年，叔父納里爾巴．艾耶離開蒂魯丘立，在瑪那馬杜賴成為二級請願人。一八九六年的夏天維克達拉瑪和哥哥一起造訪此處。

納格史瓦米於一八九六年與佳娜祺．阿瑪兒結為連理，親家也在馬杜賴。維克達拉瑪十七歲，就讀十年級，準備參加會考。他雖不勤學，卻無懼於考試。喜愛運動，身體結實健壯。正值七月中，一天下午，維克達拉瑪正躺在二樓房內，心中沒來由地竄起大限將至的恐懼，「我要死了。」他心想。多年後，薄伽梵憶起這次經驗時，說：

我的念頭毫無道理可言。我不知死亡為何物，也不知恐懼為何，也沒想到去請教醫生或長輩。我唯一的疑問是死亡的意義、如何避免死亡。我決心當下便要找出答案。

死亡意謂四肢僵硬、唇目緊閉、呼吸終止。思緒集中的結果，使我親身體驗到死亡。但記憶與覺知皆尚在。換言之，外在感官停止運作，內觀於焉而生。

即便肉身死亡，「我」的感受也不會消失。個體意識一直存在。肉身在墳場燒成灰燼，「我」並未死亡，因為「我」並非肉身。肉身無靈魂，無真知，但我有真知。只有無靈魂的肉身會死亡，「我」不會滅絕，我有意識。

肉身感官停止作用後，尚存的真知非由感官而得。覺知到「我」，是直接、自明的，非思考的結果。死亡無法觸及的部分即是意識。

轉眼之間，維克達拉瑪有了新的體悟。

上師將此經驗娓娓道來，但一切只在那一瞬間發生。有其他瑜伽行者不需上師指導、或任何鍛鍊，就能臻至此真知嗎？

《薄伽梵歌》有言：

茫茫人海中，僅有一人努力臻至完美之境；

而成功者中，幾乎無人知道「我」的真相。（7．3）

——祈巴瓦南達史瓦米譯

此真知並非透過學習而得。如此之人生來有使命，上主轉世，一位導師。

關於阿特曼（即真我）的真知，《卡塔奧義書》有言：

研讀經典、聰慧多聞，都無法了悟阿特曼。
祂挑選能了悟祂的人，阿特曼會以真面目示現。（2・23）

——朗格南塔南達史瓦米譯

無怪乎此奇蹟發生於濕婆及萬物之源的另一半，至上大力米娜卡希之聖地。《薄伽梵歌》有言，無上的創造力量，至上大力能掃除一切無明。神聖力量的恩典讓拉瑪那覺知「真我」；而馬杜賴被稱為「十二脈輪主神之地」。

藉由直接體驗，維克達拉瑪得到重生；因為獲得真知，同時達到解脫。他了悟自己是不滅的「我在」（*Aham*），對死亡不再有一絲恐懼。

多年之後，拉瑪那尊者在《真理詩頌四十則》中說：

當恐懼死亡之人，在不生不滅的至上之主跟前尋求庇護時，他們的自我、執著會死亡，成為不死之人，再無死亡之念。

——史瓦米那坦譯

7 煎熬

嘗過了真我的喜悅，維克達拉瑪常駐真我，無法忍受他物，也無法從事其他活動。即便肉身參與某項活動，念頭也在真我上，喪失了肉身意識。一切發生得十分自然。常駐真我及對上主的虔誠，主宰了維克達拉瑪的生活。常駐真我之人，何需對神有虔誠之心？多年之後薄伽梵談到：

我當時不明白，對真我的體驗有各種分類和說法。我不熟悉「梵」*等哲學辭彙，不解無任何特質的「實相」所指為何，也不知「個體真我」即是上主。我感知到上主，但不知祂即是真我。也不能說思緒是消失或暫停，自然而然便能體驗真我，某種程度上即是

* 譯注：梵（*Brahman*），宇宙本體，所有創造化現之源，至上真理。

常駐真我。我常駐於第八世紀的印度聖哲商羯羅所說的阿特曼之中，《瓦西斯塔智慧經》形容此為「潔淨清明之殿」。

「商羯羅等了悟之士，是否也膜拜不同特質的神呢？」他們一下子沉浸在阿特曼中，一下子又在神之中。羅摩克里虛那天鵝尊者也說過，各尊者和智者修行的最後階段都很相似。

除了《神聖虔誠者傳奇》之外，我從未讀過其他靈性書籍，僅聽聞書中所描述的有特質的「無限本體」，沒聽說過無屬性的真相。即便能意識到外在世界，我仍常駐上主，無煎熬情感。

瑜伽法門有內在和外在兩種。內在瑜伽法門包括：真知瑜伽法門超越肉身五界；王者瑜伽控制心靈；哈達瑜伽控制呼吸。外在瑜伽法門中，行動法門和虔誠法門是最重要的，即便心思繫於俗世的凡人也能做到。其中，數論學家輕肉身，臻至無特質的至上真理。另有人成了虔誠的信徒，心思專注於有特質的上主，為祂奉獻，除祂以外別無他物。無論是效法聖人蘇卡選擇阿特曼，或像虔誠者選擇了上主為目標，皆能達到梵我合一之境。

原本只在慶典時造訪米娜卡希神廟的維克達拉瑪，如今成了常客。看到千柱殿上孫德倫斯瓦爾運動的壁畫，維克達拉瑪「憶起一年前聽聞阿魯那佳拉時，心中的波濤洶湧」，也憶起虔誠者的故事，之前他對這些故事並無感應。「我得像濕婆使徒一樣虔誠。我想要在阿魯那佳拉天父跟前得到庇護。我經常造訪這座廟宇，望著眾神與濕婆使徒的畫像，目眶濕潤。不知這樣的煎熬情緒從何而來。我只祈求神讓我成為祂的弟子、侍者，或變得貞定不移。我分不清是喜是憂。若不是在靜坐，便是心靈煎熬，肉身滿是熾熱的情緒。凝視畫像，心中也波濤洶湧。或許是因念頭無法安住在肉身中，需要其他的棲身之所。這正是我經常造訪廟宇的原因。有時我求神憐憫，有時心中一片空白。淚溼臉龐，說不出一句話。」

外表上，維克達拉瑪不停落淚，並無其他極端虔誠的徵兆，如狂舞、上氣不接下氣、昏厥。

只是這般折磨所為何來？是憶起前世？果真如此，前世經驗又是如何？

8 指示

維克達拉瑪生性沉默寡言，親友都沒察覺他內心的重大轉變。他不再遊戲，不再找從前的朋友，常往米娜卡希神廟跑，泰半時間都在靜坐。他不若從前善感、反應敏捷，原本無法忍受任何批評指責，如今卻對各種挑釁無動於衷；原本會抗議各種不公，如今卻不計較加諸己身的不公不義。從個善感的孩子，轉為避世，不再特別想吃什麼食物，態度謙卑。他還是會幫忙家務，當作例行公事；他會拿起書本，卻心不在焉。他對讀書向來興趣不大，而今更是興致缺缺。

這些行徑起初自然會挨罵，最終帶來處罰。伯父和哥哥惋惜道：「他或許不笨，對讀書向來興趣缺缺。現在可好了，滿腦子都是無用的修行。」哥哥常笑他：「我的大聖人，你何必讀書呢？去森林裡不是更好嗎？」親戚出於好意與愛護，關心他在俗世間的福祉，當然不可能同意他出家。

維克達拉瑪在家庭之外也有困難。朋友遠離、取笑他，他卻從不報復。一些朋友對他充滿敬意，一些則心有恐懼。老師責罵處罰他。

此外，他身體多處都有難以忍受的灼燒感。他坐立不安，只有靜坐時才能冷靜。維克達拉瑪對外在世界心生反感，一心只想到上主的足下，他甚至祈求一死，可惜沒能稱心如意。「神什麼時候才會對我大發慈悲？」他經常感嘆。

一八九六年八月廿九日星期六，大約早上十一點。維克達拉瑪因沒有研讀文法，被老師罰抄拜恩版的英文文法三遍。他坐在家裡樓上抄書，認真抄完兩遍之後，他自問：「難道我只是機器，做自己毫無興趣的事？」

他馬上停筆，文法書擺到一邊，開始靜坐。

哥哥納格史瓦米在一旁看到了一切，想也不想，脫口而出：「既是這樣的人，又何苦如此？」所言殘酷卻也真實。

維克達拉瑪並非頭一回聽見哥哥類似的評論，但這一回卻特別有感觸。「沒錯，我對讀書毫無興趣，我心另有所屬。若是無法履行在家人的責任，又何需一個家？為何要留在這裡？」維克達拉瑪想著，當下決定要永遠離家。

可是要去哪裡？要如何維生？

他心中閃過了「阿魯那佳拉」。約一年前，上主之名讓他的心悸動，之後卻消逝了。而今又出現了。他充滿了同樣的悸動、同樣的虔誠、同樣的情感。他明白宇宙之父是他的父親，給予他支持庇護。

是本心的靈光一現讓他聽見這些話嗎？或是他的父親示意他前往？父親張開雙手時，兒子能不奔向他嗎？他必得奔向阿魯那佳拉史瓦瑞的懷抱。

上師後來說，是一鼓強大、無可抗拒的力量，讓他離家到阿魯那佳拉尋求庇護。

我有個新發現！這座山是吸引眾生的磁石，任何想到祂的人都會停下動作，吸引和祂面對面，讓此人有如祂一般靜止不動，以此人成熟的靈魂為食。真是神奇！靈魂啊！小心逃命！莊嚴的阿魯那佳拉是這般的毀滅者，在本心中閃耀！

——《阿魯那佳拉珍寶》第十首（收錄於《阿魯那佳拉聖山頌詩十一首》）

9 告別

「分秒必爭，我一定要到阿魯那佳拉史瓦瑞的膝上。該怎麼做？祂會指引我嗎？」維克達拉瑪想著，隨即起身。哥哥問他要去哪，答：「十二點有堂電力學特別課，得去上課。」哥哥說：「好的，樓下盒子裡有五盧比。跟伯母拿鑰匙，順便幫我繳學費。我學校就在你學校附近。」哥哥渾然不知此舉正幫助維克達拉瑪成行，而維克達拉瑪一定認為是他的至上父親來幫他了。這也讓他肯定父親的確指示他離開。

維克達拉瑪下樓，匆匆吃了伯母準備的飯菜，依照哥哥指示拿了錢。

他怎麼認得路呢？他不想和任何人問路，也沒人猜到他的計畫。多年之後，上師同窗阮扎·艾耶前來尋求開示，行大拜禮並問：「您當年離家，怎麼連我都不說一聲？」答曰：

「一直到真正離開家門，我自己都還不知道會離開。」

從一張舊地圖上，他發現維魯普蘭─馬德拉斯鐵路上的亭迪瓦南，是發車駛往阿魯那佳拉的車站中，最近的一個。但事實上，最近的車站是蒂魯瓦南瑪萊，位於四年前才剛建好的維魯普蘭─卡特帕地鐵路上，但舊地圖上並沒有。前往亭迪瓦南的車票是三盧比。他從盒中拿出三盧比，放回兩盧比。寫了給哥哥的字條，放在盒中顯眼處，便出發了。字條如下：

為尋求天父及遵循其召喚，我已啟程往赴。
這是趟至善的旅程，無須傷悲。不用花錢找我。
註：你的學費尚未繳交，這裡附上兩盧比。
這個筆

有些人說這封信證明，維克達拉瑪對真我的真知日增。果真如此嗎？維克達拉瑪在信中使用了「我」，並非是他將「我」等同於肉身，這麼說就太小看了他，他已知肉身和真我的區別。信末沒有署名，並不是因為沒有負責行使作為的個體。

信的確是在他沉浸於無形無相的宇宙本體時寫的。說他當時並無維克達拉瑪的個體意識，並不正確。在「你的學費」一句中，「你」「我」之別躍然紙上。從這封信我們可看出：

維克達拉瑪明瞭真我與肉身之別，採取行動無須特殊動機，以及他不希望造成親人困擾。多麼高貴的情操！

那天火車並未準時於中午十二點進站，否則維克達拉瑪就會錯過火車了。火車遲了一小時，因此維克達拉瑪可以悠閒地從家裡走過去。

維克達拉瑪認為這再一次證明了，是神親自召喚他，解決路途上的一切困難。他用不到三盧比買了前往亭迪瓦南的車票，*沒有看見下方的票價表上的維魯普蘭—卡特帕地鐵路線以及上面的蒂魯瓦南瑪萊站。阿魯那佳拉徹底盤據他的心頭，讓他看不見目標之外的其他事物。他不想詢問任何人，以免走漏風聲。他興奮異常，不想和任何人接觸。於是，他進入車廂安靜地坐下，沒有和人交談。火車加速前進，他沒有回頭望望美麗的馬杜賴，也沒有再看一眼他從小鍾愛的地方。

維克達拉瑪坐著閉目養神，心思不在肉身，還是他的肉身正飛舞在「內在的天空」中？往南流動的瓦加河畔上，有綠野、椰子樹、芒果樹叢，在在展現了大自然的豐美。這美

---

* 當年印度並無十進位的硬幣。維克達拉瑪付了 2-13-0 盧比，約為 2.80 盧比。身上剩下大約 20 貝斯（paise）。

麗的地球確實是上主的化現啊！不久之後，出現了維克達拉瑪兒時玩耍的丁迪古爾堡壘，此後，維克達拉瑪只玩一種遊戲——安住於甜蜜喜悅之洋中！心境如此，他又如何能在意大自然之美、昔日喜愛的追逐遊戲呢？

10 偉大的旅程

日落時分，同車廂有一位回教學者，正和同行乘客講著許多聖哲的故事，聽眾渾然忘我。但這位年輕人卻無動於衷，雙目緊閉。學者好奇地問：「先生，您要去哪裡？」

維克達拉瑪：「蒂魯瓦南瑪萊。」

學者：「我也是。」

維克達拉瑪：「是嗎？」

學者：「我是去鄰近的蒂魯科盧。」

維克達拉瑪驚訝道：「那邊有到蒂魯瓦南瑪萊的車嗎？」

學者：「有啊，你這是去哪的車票？」

維克達拉瑪：「亭迪瓦南。」

學者：「啊！亭迪瓦南？你得在維魯普蘭站換乘往蒂魯科盧和蒂魯瓦南瑪萊的車。」

天父藉他人之手引領其子！否則為何這位回教學者會踏入同一車廂呢？為何跟他說話，告訴他這麼多細節？或許是頭髮糾結的濕婆神在引領他。維克達拉瑪愉快地又開始靜坐。

再一次睜開眼時，夜色已籠罩大地，火車到了蒂魯奇奇拉帕里。奇怪的是，說是要前往蒂魯科盧的回教學者已不見蹤影。另一件怪事是，他一點都不覺得餓。到了晚餐時間，像是他有種感到飢餓的責任一樣，終於餓了。於是他買了兩顆當地的蘋果來吃，才咬了兩口，便覺飽足。這也十分不尋常，他通常胃口很大，但此時少許食物即可滿足。

他又開始靜坐。隔天清晨火車到了維魯普蘭，他下車尋找前往蒂魯瓦南瑪萊的方法。他不想詢問任何人，而天父也的確是善盡職責！維克達拉瑪走著走著，瞧見了幾個前往「曼巴拉帕圖」的標示，但他並不知曼巴拉帕圖正是在前往蒂魯瓦南瑪萊的路上。

他胡亂走著，又餓又累，來到一家旅館，但旅館要接近中午才有餐點。他決定坐下等，開始靜坐。旅館主人看著這位年輕人：熠熠生輝，膚色白皙，髮黑濃密，繫著耳環，沒有任何行李，超然於世。這究竟是何許人也？午時餐點準備就緒，旅館主人喚醒維克達拉瑪，送上餐點。維克達拉瑪本要付錢，但旅館主人得知他身上盤纏不多而婉拒了。或許這是天父展現慈悲的方式。

維克達拉瑪用僅存的一點錢買了前往曼巴拉帕圖的車票。抵達後開始步行直到天黑，最後來到阿拉耶尼那魯。

阿拉耶尼那魯又稱濕婆蘭卡普里，是重要朝聖地。村莊附近的小丘上，有座阿圖寮那特史瓦瑞神廟。偉大的詩人迦納．桑邦達禮讚阿圖寮那特史瓦瑞，委託人繪製了阿圖寮那特史瓦瑞的畫像放在這。在桑邦達的靜坐中，阿圖寮那特史瓦瑞先是示現為光柱，後為一婆羅門長者。桑邦達不識這位長者，詢問來者何人，長者答曰他屬於聖人阿魯那吉里，每日到阿拉耶尼那魯，為阿魯那佳拉史瓦瑞採花。桑邦達請婆羅門長者帶他謁見阿魯那吉里，婆羅門答應了。但走到半路，婆羅門便消失不見，一群搶匪圍住桑邦達和隨從，奪走了財物。無助的桑邦達向神祈禱。神顯靈告訴桑邦達，搶匪是祂的隨從。祂承諾若桑邦達留下做客，享用晚餐，祂會帶他前行，並歸還所有失竊物品。桑邦達通常在進食前必會為客人送上餐點，但這回，他成了上主的客人。桑邦達是怎麼到阿魯那佳拉，禮讚阿魯那佳拉史瓦瑞？這又是另一段故事了。

維克達拉瑪來到神廟，又餓又累，卻發現大門深鎖，住持尚未抵達。等到住持進去開始行供奉，維克達拉瑪也走進，在一條迴廊坐下，閉目敞開心房，對上主做心靈供奉。迦納．桑邦達正是在同一地點看見光柱，他當時也只有十六歲。

突然一道不知名的光輝籠罩了維克達拉瑪。他睜開雙眼，舉目所及皆是光輝燦爛。他以為這是神明之光，便往神壇走去。但在神壇前光輝消失了，定眼一看，神壇幽暗晦澀，光輝不可能由此而來。

那光的源頭究竟為何？難道是他本心所散發的阿特曼光輝？抑或是來自阿魯那佳拉的邀請，正如當年祂邀請了迦納．桑邦達前往？還是維克達拉瑪總是冥想著的上主，因此上主賜予他真我之知？（因為阿拉耶尼那魯還在蒂魯科盧境內，不就是丘卡那達化現為火車上那位回教學者，陪伴維克達拉瑪一路到蒂魯科盧嗎？或許丘卡那達的領地到此結束，而阿魯那佳拉史瓦瑞的勢力範圍由此開始，祂可能也顯靈，從此擔起保護維克達拉瑪的責任。）

維克達拉瑪從幽黑的神壇走回走廊，繼續靜坐。住持供奉完畢，大聲問：「是誰啊？廟門該關了，走吧！」維克達拉瑪出定，懇求一點供品。住持不耐煩地說：「這裡沒東西給你。」「好吧，那好歹讓我今晚在這裡過夜。」維克達拉瑪問。其他廟方人員插嘴：「吉魯離這裡不到兩公里，有座維拉特史瓦瑞神廟。或許那邊有些供品，跟我們來。」維克達拉瑪跟去了。神廟正進行供奉，他也入定。禮成後，發放供品的住持拒絕給他任何食物。一位廟中樂手同情這位疲累不堪的男孩，告訴住持把他的一份拿給男孩。

有人領維克達拉瑪至附近一幢屋子取水。一到這裡，維克達拉瑪就昏過去了。是虛弱、睡著、還是入定，沒有人知道。不久後他醒過來，卻發現自己身在異處；食物散落一地，大批群眾圍著他瞧。他撿起食物，喝了點水，就睡在那條街上。

隔天是一八九六年八月三十一日，克里虛那誕辰紀念日。維克達拉瑪饑腸轆轆，卻還得趕三十二公里的路。

行經街上時，他瞥見一道半掩著的門，屋內不見人影。屋主穆蘇克里西那・巴格瓦塔正在後院洗澡，維克達拉瑪進屋請屋主施捨一些食物。平日打理家務的是屋主守寡的妹妹，這會兒去附近河邊取水去了。此時家中無其他女性成員，於是巴格瓦塔請維克達拉瑪靜候他妹妹返家。

屋主的妹妹不久便返家，視這位請求施捨食物的年輕婆羅門為克里虛那的化身！她開始煮飯，但看著維克達拉瑪饑腸轆轆的表情，她心想他真的餓壞了，於是說：「來吧！讓我暫時先為您奉上剩下的飯菜。」維克達拉瑪吃了不到兩小口就飢餓全消，但這位女士堅持他得吃完所有的食物才能離開。

維克達拉瑪筋疲力竭，再也走不動，盤纏用盡，無法購買火車票。或許可變賣他的紅寶石耳環？但他對交易毫無經驗。最後他決定向巴格瓦塔商借，他回答了巴格瓦塔所有的問題，補充說行李在火車上遺失了。他也給了巴格瓦塔他家的地址，心想此地路途遙遠，自己的行蹤應不會為家人所知。巴格瓦塔檢視了紅寶石耳環，對品質相當滿意，認為至少值二十盧比，但這位仁兄只要四盧比。巴格瓦塔於是不疑有他，給了維克達拉瑪四盧比。

這時餐點已就緒，女主人請兩位入席，奉上豐盛的一餐。在節慶的這天，女主人滿心歡喜，她一心認定來客即是克里虛那的化身。她也準備了晚上要供奉克里虛那的幾道甜點，尚未供奉前，她就塞了一包給這位客人。這位女士真是幸運！

維克達拉瑪承諾巴格瓦塔會儘快取回耳環。他收好甜點，往車站出發。走沒幾步，他便將寫著巴格瓦塔地址的紙條撕成碎片——他怎還會想要和紅塵俗世有任何關聯？他買了前往蒂魯瓦納瑪萊的車票，火車隔天一大早進站，於是當晚便在車站過夜。

我們數度談到維克達拉瑪曾感到飢餓。飢餓時，他的肉身確實會感到虛弱，也曾數度昏厥。但少量食物即可止飢——這點不可思議。

11 目的地

我日日無助徘徊，而今我尋求您的庇護，請拯救我。

——條喀拉加

天色微亮，維克達拉瑪登上了火車，迫不及待想看到阿魯那佳拉。離目的地越來越近，他的興奮之情也隨之升溫。

起初只有模糊的影子，不久之後景象開始清晰，最後阿魯那佳拉的山峰、山腰、山腳、底部，清楚地映入眼簾。廟塔高聳及天，彷彿可以摸到繁星一般。維克達拉瑪盡情地凝視他摯愛的阿魯那佳拉，滿心歡喜，身體微顫，目眶盈潤。

火車一到站，維克達拉瑪便連走帶跑地來到寺廟。大清早除了風神之外，廟裡無人來參拜，只是維克達拉瑪連風聲都充耳不聞。通常寺廟直到八點都尚未開放，但這天不尋常，所有的門都是敞開的。

難道是天父給了其子祕密開示？抑或是祂認為這位受到感召而來的孩子，只能有祂一個觀眾？或許祂指示其子：「探尋你心深處，就會找到我！」

維克達拉瑪直接走進內殿，告訴上主：「父親，我前來回應祢的呼喚了。我將自己奉獻於祢。」

他心中再無洶湧的情緒，矛盾的情感。心中一片祥和，超越痛苦、悲傷，滿心愉悅。眼淚由雙頰滾下，灼熱感消失了，再也沒有任何煎熬，他浸潤在無上的喜悅中。

這位至上之子原本尚在大千世界四處玩耍，但此後再也不會離開天父，斬斷了與紅塵俗世一切的聯繫。讓上主為此紅塵俗世祈福吧！阿魯那佳拉史瓦瑞而今是維克達拉瑪唯一的庇護，絕對不會離開祂的膝上。「他已得到了『那個』（That），再也別無所求。」

告別塵世的紛擾，來到絕對的祥和寧靜。從前的行為果報（肉身、心理等層面）均奉獻於天父。

他將自己奉獻給誰？他的天父，上主。上主是何許人也？是他面前的石頭林伽？抑或是遠處的阿魯那佳拉山？兩者皆非。

祂是靈魂，肉身是其外殼。山與林伽是包裹著天父的外衣。無可限量、無所不在的上主，怎會侷限在這般小物中呢？這些只是象徵著宇宙的無限本體：宇宙所有力量與行動的源頭，無所不在的真理。

維克達拉瑪常駐於此真理。天父的本質為何？他的自我與這能在全宇宙支持摧毀一切的至上祕密本質，又是什麼關係？他又怎能確知此關係呢？

眾生皆應自行尋求真理。這也是海神瓦魯那對聖人畢利谷的開示：「藉由苦行來學習。」

12 啟蒙

智者仍需苦行嗎？維克達拉瑪已了悟了至上真我，但為了方便解釋，我們仍用「苦行」、「啟蒙」等字眼。讀者請不要誤解了。

自維克達拉瑪離家、將自己奉獻於阿魯那佳拉史瓦瑞那天起，便斬斷了之前的所有聯繫。但他仍保留了幾個象徵物，所為何來？他只需常駐在真我真知的喜悅中，不需要其他任何事物，不容任何阻礙。這是唯一的苦行，唯一的啟蒙（*diksha*）。斬斷此生過往，只循真我而行。

經典說，啟蒙必須要有上師。對維克達拉瑪而言，上師即是天父阿魯那佳拉史瓦瑞。通常上師在啟蒙弟子時，會碰觸弟子身體不同部位，傳授咒音。天父只看了他一眼便完成啟蒙，和南面神濕婆（濕婆化身為上師的法相）一樣，行不言之教。

維克達拉瑪拋棄了象徵過往的物品。有些是他自行拋棄，另一些則主動離去。他的內外在生活於是變得和諧一致。

他雖然撕碎了寫著巴格瓦塔地址的紙條，但身邊仍留著那包點心及一點錢。

在阿魯那佳拉史瓦瑞神廟獻身於天父的足下之後，維克達拉瑪走進了紅塵俗世這個巨大廟宇。他漫無目的地走著，來到阿魯那佳拉東邊的阿央庫南水池，身上仍有一包點心，他想：「難道說湖也需要點心嗎？」於是將它丟入湖中。維克達拉瑪自幼即生著一頭濃密好看的黑髮。這副肉身還需要打扮嗎？何必為了照顧肉身費神？從湖邊折返的路上，有人問他是否想剃髮。維克達拉瑪稱是，於是這位陌生人便領他到在神廟工作的理髮師家中，接著就消失了，只是，這位陌生人為何主動詢問維克達拉瑪要不要剃髮呢？理髮師告訴維克達拉瑪，他在廟中剃度通常收費較高，但可以算維克達拉瑪便宜一點。他也很快就完成剃度了。

維克達拉瑪走至湖東的一座花園，扯下身上衣物丟入湖中，只留一塊遮羞布，象徵言語、思想、行為上的貞節。至此，天父已戰勝了欲望，其子也會變得不一樣吧？維克達拉瑪把身上僅存的一點錢也給丟進湖裡。

從左肩垂至腰際的聖帶，代表了婆羅門出身及文化：維克達拉瑪是婆羅門，是孫德倫・艾耶之子。但從今起，他是天父阿魯那佳拉史瓦瑞之子，超越一切種姓藩籬。由於聖帶也會引起優越感，於是他將之拋棄。

剃度後，他不願享有洗澡這等奢華，但上師阿魯那佳拉史瓦瑞會允許他違反傳統嗎？回到神廟的路上下起傾盆大雨，他全身都淋濕了。上天替維克達拉瑪洗淨身子，他仍是在水中受出家戒的。

其後三年，維克達拉瑪並未踏進神廟內殿。天父已在他心中，此舉也非必要了。維克達拉瑪不願和人有牽扯，因此奉行禁語。事實上，他總是沉浸在真我中，從未留意紅塵俗世，又如何能言語呢？靜默超越了言語，直接碰觸真我。當尊者兩年後欲開口時，無法說出清晰的字眼，又經過一段時間，才能正常說話。靜默成了他的標誌，並非在其計畫中。尊者說過，靜默應是修行者的目標，苦行僧的標誌。然就維克達拉瑪的情形來說，早在進入修行階段前，靜默就成了他的標誌。此即是他的啟蒙。那又該如何生活在塵世間呢？所有修行鍛鍊皆需肉身，而肉身需要營養。但維克達拉瑪完全不在乎，認為肉身發生之事是天父的責任。提供魚鳥走獸一切的天父，必不會忽略他！

於是，尊者在神廟住下。

經典說，對出家人而言，山洞、湖邊、神廟、森林，無處不是合適的住所。

13 苦行處

阿魯那佳拉史瓦瑞神廟長約四百五十公尺，寬約兩百公尺。圍牆傳說是一位維拉拉國王（又稱為「巴拉拉王」或「巴拉王」）所建。東塔有十一層樓，高六十六公尺，可登頂而坐。

據說是由普羅達·德瓦·拉瓦所建。

由外牆東側進入，可見一座大殿，東南側有座花園，北側是千柱殿，西南是放著上主林伽的地窖。但當時地窖並無任何供奉，陰暗潮溼，乏人照料，不過此處一直是拉瑪那苦行處，直到一九四九年，門徒塔雷亞康整修此地，配上電路，所以這裡現在有一幅薄伽梵尊者的法照，定期供奉。

千柱殿西邊是神轎殿，後面是一花園，其因莫名的緣故，人稱之為「芭蕉園」。第一個庭院的南方有一大湖，據說是由克里盧那德瓦·拉亞尊者所造。北邊有兩座壇堂——東邊是「卡巴提拉亞那壇」，西邊則是「西瓦岡格·皮拉亞壇」。「拉亞那」意為「較年輕的」，為聖人蘇布拉曼亞的聖名之一；「皮拉亞」指維格那史瓦瑞（即象頭神）。

關於卡巴提拉亞那有則傳說。普羅達·德瓦·拉瓦是公元一四五〇年左右，維加亞那嘎拉帝國之王。十分崇拜阿魯那佳拉的詩人阿魯那吉里納薩，這讓詩人桑邦達·安登即為不悅。他向國王挑釁，假若這位詩人果真如此偉大，他應該能讓國王最喜愛的神祇蘇布拉曼亞現身。國王十分想見神祇一面，於是懇求這位詩人。詩人告訴國王：「已經習於物質世界的雙眼，是無法承受上主出現的景象的。不過我會請示上主，再秉告陛下。」

詩人向蘇布拉曼亞祈禱，神告訴他：「國王若看到我，雙眼便會失明。請他仔細考慮再

——阿魯那佳拉史瓦瑞神廟全景，LIFE 雜誌 1940 年代資料照片

決定吧！」詩人轉告國王，但國王堅持道：「就讓我瞎了雙眼吧！我一定要見到上主。」阿魯那吉里納薩請上主在「卡巴提」（即柱子）上現身，讓國王得以觀謁上主。也因為上主在柱子上現身，故稱為「卡巴提拉亞那」。

西瓦岡格的西邊，沿著繞行參拜路徑有幾棵大樹（長葉馬府油樹）。其中一棵的根部有一小平台。

進入第二個庭院，首先映入眼簾的是巴拉拉所建的高塔。塔的北方是蘇布拉曼亞壇，祂又被稱為戈普拉·蘇布拉曼亞尊者。關於戈普拉·蘇布拉曼亞有一則傳說。慕圖終身奉獻神廟，和子女一起住在阿魯那佳拉。他的兒子就是阿魯那吉里納薩，母親在他年幼時過世，由姊姊撫養長大。她要女兒滿足弟弟所有願望。阿魯那吉里納薩長大之後，放浪形骸，不聽姊姊勸告。

他不僅散盡母親留給他的財產，甚至連姊姊的也一併花光。但他仍需索無度，姊姊說：「我已經一無所有了，但母親要我滿足你所有的願望。你只想要女人，我就成全你吧。我們是同母異父，因此這也沒什麼不對。」說著，她開始撫摸他。阿魯那吉里納薩終於明白自己是這般的墮落，悔恨交加，爬上了巴拉拉塔，跳下了結自己的生命。蘇布拉曼亞半空將他接住，給了他一串念珠，啟蒙教授他一段真言。以上就是這個傳說，阿魯那佳拉史瓦瑞神廟的故事就此打住吧。欲單獨靜坐、內觀、浸潤於真我者，這裡有許多僻靜之所——廟塔、花園、千柱殿。許多人在白天造訪此地，但無人會在夜晚造訪西瓦岡格壇的南側。

14 梵我合一的國度

維克達拉瑪此時成了帕拉德希婆羅門*。在坦米爾地區，數以百計信奉濕婆的非婆羅門會受出家戒，在阿魯那佳拉附近遊蕩。婆羅門雲遊僧為數不多，被稱為帕拉德希婆羅門。這位新的帕拉德希擇千柱殿中一處平台靜坐。冬天將至，雨季未歇。他沒有可鋪在地上或蓋在身上的衣物。他不要人作伴；有人靠近，他就走開。他靜靜地坐著，雙目緊閉。散步時也從不與人交談。他從不乞食，若有人在他醒著時奉上食物，他會欣然接受。他常駐真我，控制感官與心靈，徜徉在梵我合一的國度。他從未主動尋求任何事物，然而雖然他遠離眾人，眾人卻想接近他。大家對他很好奇，時而嘲弄責罵，但有些人卻十分尊敬他。在此新

* 譯注：帕拉德希婆羅門（Brahmana Paradesi）並非村莊居民，但會前來聖水中沐浴、品行良好的婆羅門。

居所他無助、沒有受到保護——但他真的沒有受到保護嗎？濕婆足下是他唯一的庇護所，但濕婆卻從未現身在他面前！

村中頑童視他為瘋子。四年前，村中不也來了個「瘋子瑟夏迪」？他們對瑟夏迪丟擲石塊陶片，維克達拉瑪也受到同樣的待遇。這些頑童怕「瘋子」報復，所以從遠處攻擊，也經常沒有擊中目標。但這般行徑已經打擾了他的靜坐，他於是搬進了林伽地窖。頑童不敢尾隨入窖；昆蟲和植物原本快活地居住此地，現在來了個競爭者。當他在結跏坐中享受真我的喜悅時，毒蟲則享用他的血肉。入定的尊者對此毫無所悉。光明節時前來參訪的人中，有些非常敬佩他的極端苦行。維雷育達．切堤的妻子拉特拿瑪即是其中之一。她看到他的情況，有時給他些食物，有時懇求他住到她家。但尊者心不在焉，很少聽她說的話，更甭提接受她的提議了。她很失望，但仍留給尊者一塊布，可蓋在身上或鋪在地上。尊者仍持續靜坐，布也原封不動，留在原處。

拉瑪那在深度苦行時，吃些什麼？到達阿魯那佳拉那天，拉瑪那身上沒有食物。隔日他在千柱殿時，戈普拉．蘇布拉曼亞壇的毛納師父也來到殿上。毛納師父是南印度的馬拉亞里人，他看見這個筋疲力竭的男孩，要弟子拿點吃的來。弟子於是拿了些化緣來的食物，碎米、一點鹽巴、醃菜。自此毛納師父便照顧他的飲食。

頑童仍繼續惡作劇，把各種東西扔進地窖，但這位帕拉德希婆羅門早就超越這一切，不怕受傷。

一回幾個穆斯林男孩也加入頑童行列。他們想進入地窖但又不敢，於是一直往地窖丟東西。這時維卡塔恰拉．穆達利爾路過，他知道尊者在地下神壇裡，隨即拿了根樹枝衝向頑童。看到他手中武器，頑童溜之大吉。滿身灰塵的瑟夏迪．史瓦米走出地下神壇，穆達利爾趕緊問瑟夏迪．史瓦米是否有受傷。他說裡頭的秦南．史瓦米需要照料，就離開了。穆達利爾進入一片漆黑的地窖，接著隱約看見了尊者——滿身灰塵、結跏趺坐，起初只是模糊的身形，後來便看得很清楚。

巴拉尼史瓦米及其弟子住在附近的芭蕉園，穆達利爾隨即前往，找了四五位幫手回到地窖，合力將尊者抬出，放回地面上，尊者這時才恢復意識。他們心想：「打攪這般苦行實在是一種褻瀆。」一行人便離開了。

此後，「帕拉德希婆羅門」成了「梵天尊者」。

梵天尊者待在戈普拉．蘇布拉曼亞廟時，居住於此的毛納師父便會照料他。從一開始，他就悉心安排讓「靜默的婆羅門男孩」有食物吃。他將自己的食物分與尊者，特別是烏瑪女神灌頂大典上的鮮果和牛奶。牛奶加入了水、薑黃、糖、切片水果、樟腦。梵天尊者對食物並無特別偏好，悉數吃下分到的食物。一位年長的住持注意到了，覺得奉上這種飲料給尊者十分不妥，因此安排在灌頂之後給尊者純牛奶。倘若食物來遲了，會有人趕緊來到婆羅門街上，為尊者張羅食物——這稱為「化緣」。兩個月就這麼過去了。

神聖花園

芭蕉園在千柱殿西側。如前所述，雖名為芭蕉園，實為花園。裡頭長了許多開粉紅色花的爬藤植物夾竹桃。梵天尊者從神廟搬進此處。他在一處樹蔭下開始靜坐，睜開眼時卻發現自己在另一棵樹下。他的遮羞布逐漸破損，一八九六年接近尾聲時，他一度完全赤身裸體，廟方人員特別破例，不為此打擾尊者入定。

神轎殿*

這是尊者下一個苦行處。尊者的肉身在靜坐時，也會移動至兩輛馬車之間。他泰半時間都坐在陰暗的牆邊。

---

* 譯注：神轎在沒有遶境出巡時所安置的地方，《真我與我》譯為瓦哈那．曼塔帕姆神廟。

之後尊者也在西瓦岡格湖畔靜坐，起初在木橘樹下，後來在長葉馬府油樹下。時為一八九七年一月、二月，冬天已至，天氣寒冷。他無任何衣物蔽體，只能棲於樹下，上為穹蒼，下為又髒又濕的地面。據說古代智者在水中苦行，尊者此番苦行是有過之而無不及！

汪達瓦西附近的蒂魯馬尼村有位濕婆教出家人，喚烏當迪．那耶拿，他因與家人不睦，離家住在僧院中。他之後讀了許多坦米爾哲學，卻未能體驗祥和或真我。一八九六年十二月，他造訪阿魯那佳拉，繞行參拜時注意到彷彿在另一個世界裡的年輕苦行僧。那耶拿對此印象深刻，心想：「此即是苦行，此即是臣服。若連此人都無法體驗真我，又有誰可以呢？侍奉他，或許我也能體悟真我。」他堅信如此，於是決定在冷冽的天氣中，住在附近一棵樹下，全心侍奉這位年輕苦行僧。尊者多年之後說，那耶拿是不執著之人。

除了煮飯時，那耶拿總是守衛著尊者，不讓好奇群眾圍觀。但事情沒這麼容易，頑童總是趁那耶拿煮飯時搔擾尊者。一回，四下無人，尊者深沉入定，一位特別惡劣的頑童在尊者背上撒尿，逃走時還為了自己的小聰明沾沾自喜。尊者出定後明白發生了什麼事，那耶拿又是什麼心情呢？尊者是寬容的化身，但那耶拿無法容忍這種事，心裡非常難過。

那耶拿還有個苦處。除非尊者先開口，否則他不願打擾尊者。但尊者甚至連眼睛都從未睜開。那耶拿總是坐在不遠處，研讀《瓦西斯塔智慧經》、《解脫精義》等哲學典籍，期待尊者的恩典。

那耶拿是尊者第一位侍從。

15 梵我合一的法力

南方的濕婆教僧人有幾座僧院。戴瓦希卡馬尼·德希卡所修建的「蒂魯瓦南瑪萊僧院」是最重要的僧院之一。幾座分院分散印度各處，昆拿庫地的這座最是香火鼎盛。或許是因為這樣，一位傳承衣缽者以此作為總部。

戴瓦希卡馬尼在蒂魯瓦納瑪萊郊區的基爾那舍離開肉身，上面蓋了間廟宇，後世稱之為「古魯墓廟」。當時是由阿南瑪萊·坦伯蘭行供奉等儀式。

坦伯蘭也曾住在昆拿庫地，後來因個人因素遷至蒂魯瓦納瑪萊。他唱誦聖詩*，在古魯墓廟行供奉，外出化緣布施窮人，生活儉樸嚴謹。

---

* 譯注：聖詩（*thevarams*）是由蒂魯那伍克勒色（Appar）、孫德倫慕提（Sundaramurti）及桑邦達（Jnana Sambandar）所寫的濕婆教聖詩。

坦伯蘭偶然間見到尊者在長葉馬府油樹下苦行，驚為天人，決心要經常觀謁他。他心想，若是帶尊者到古魯墓廟，不但對他個人有益，對尊者也比較方便。他與那耶拿商議，兩人一起懇求尊者道：「古魯墓廟無群眾搔擾，對尊者較方便，又近阿魯那佳拉。請尊者答應移駕吧！」尊者首肯。一八九七年二月，尊者遷至古魯墓廟，被稱為「古魯墓廟尊者」。

古魯墓廟

他在此繼續苦行，方式更為嚴峻，更不顧物質上的舒適。尊者從未沐浴盥洗，鬍鬚糾結，指甲長得都捲起來了，也不再使用雙手。

這裡到處是螞蟻，但尊者不以為意。他浸潤在真我中，對身在螞蟻群中毫無所覺。有人拿了張小凳子，把椅腳浸在水中，讓尊者不再受螞蟻侵擾。但尊者靠著牆，螞蟻仍趁勢猖獗。尊者靠牆處，留下了一片深色區域，尊者離開古魯墓廟許久之後，仍看得見。

奉行如此嚴格苦行者，怎會不讓人肅然起敬？眾人從指甲長度推斷，尊者必為一長者，有法力。大批群眾集結於此，獻上各種供奉，向尊者求財、求子、求健康。起初僅是為觀謁尊者，不久就有人寫出各種讚歌！尊者的侍從豎起臨時拒馬，不讓群眾靠近，但群眾必得要尊者品嘗他們帶來的供奉，否則不願離開。人人都想得到供養尊者的福報，有時甚至為此吵成一團。尊者從前一度三餐不繼，而今卻供過於求，於是眾人決議，每天只有一位信徒能供奉。一週只有七天，但欲供養者數以百計，此議成效不彰；更甭提尊者一天只吃一餐，食量甚小。最後只好把這些供品全都混在一起，其中又以牛奶為大宗，因此攪拌成了液狀。尊者只有在中午時會睜開雙眼，旁人奉上一杯這般的液體。接著便重新入定。

均衡飲食是王道，但尊者無論是在當時或之後都很難做到。他多年後曾說：「廟中的神明很幸運。眾人只是在祂面前擺上食物，接著便自行取回。但尊者我就算身體不適，也得接受所有的供奉。我若不吃，誰又會吃呢？」

古魯墓廟沒有燈，尊者就是盞明燈。幾個月後，切提爾才為寺廟裝上了燈。

坦伯蘭的虔誠與信心與日俱增。一回在廟中完成供奉後，他遵照一般儀式膜拜尊者，心想此舉會增加信眾的虔誠，但尊者無法接受。隔日，坦伯蘭從鎮上回來，用餐時，尊者指著牆上他以粉筆寫下的坦米爾文字：「夠了。」坦伯蘭不解。隔日，尊者加上「填飽肚子。」但坦伯蘭仍持續膜拜。直到一日尊者在供奉時起身離開，坦伯蘭才恍然大悟，原來尊者不願接受膜拜，便停止了。

眾人並不清楚尊者為何人，只稱他為「梵天尊者」或「古魯墓廟尊者」。見到尊者在牆上寫給坦伯蘭的文字，他們歸結尊者是坦米爾人。不久之後，尊者的本名在以下事件中被發現了。

范卡塔拉馬．艾耶任職於當地鄉公所。他十一點才辦公，因此每天早上會到古魯墓廟待上幾小時。他決心要找出尊者本名，但是坦伯蘭表示不知情，最後他告訴尊者：「不知道尊者本名我絕不離開，不顧後果，即便丟官或沒飯吃。」說著，他拿給尊者紙筆。念在他的善心，尊者以英語寫下：「維克達拉瑪，蒂魯丘立」，范卡塔拉馬．艾耶看不清「立」的寫法。尊者有本《神聖虔誠者傳奇》，其中有詩聖孫德倫慕提寫給布米那瑟史瓦瑞神廟的讚歌。尊者在馬杜賴研讀此書時剪下此讚歌，他將此讚歌給范卡塔拉馬．艾耶看，後者便明白了。坦伯蘭當時也在場，也得知了尊者本名。

兩個月後，坦伯蘭得離開村子一星期，請那耶拿代為照顧尊者。但他直到快一年後才返回。坦伯蘭離開幾星期後，那耶拿的神廟住持請他返回，所以那耶拿也離開了阿魯那佳拉。於是尊者沒了侍從。

事情很快就解決了。阿魯那佳拉有位信徒那加林伽史瓦米，在他過世後，一位馬拉亞里人、來自巴拉尼城的師父，住在他的故居。這位師父在艾央庫蘭街附近的維那亞卡神廟擔任志工，每日得到一些供品，不加鹽巴即吃下。依萊宇村的官員司利尼瓦撒．艾耶感於其虔誠奉獻，說：「為何浪費時間侍奉石頭神像？古魯墓廟有位活佛，他的苦行讓人想起經典中的偉大信徒，如竺瓦。侍奉他，你的生命會充滿喜悅。他現在無人照料。」巴拉尼史瓦米聽了這番話，於是來到古魯墓廟。當時尊者在此已五個月。巴拉尼史瓦米看著尊者，誰能不升起對虔敬呢？巴拉尼史瓦米心想：「這位尊者是我的庇護所，奉獻於他，於我也會有極大俾益。」便開始侍奉尊者。起初他仍膜拜維那亞卡神像，但對尊者的虔誠與日俱增。他心想：「對維那亞卡的供奉，讓我得到這位上師。從今以後又何必繼續供奉維那亞卡呢？」從那天起，他便寸步不離尊者，尊者是他的全部：是父親、是母親、是上師、是上主！

巴拉尼史瓦米來了之後，群眾的干擾減少了。外出時，巴拉尼將門從外面鎖上，讓尊者待在室內，這對尊者的靜坐大有幫助。尊者不再分辨夜晚白天，不管今天星期幾，不管方向！嚴格的苦行使尊者極度虛弱，無法起身，寸步難行。一回尊者在門邊昏倒，甚至不知是巴拉尼史瓦米抓住他，才免於受傷。尊者幾乎沒有進食，身體機能嚴重受到影響。

一件趣事顯示了尊者的不執著。古魯墓廟附近的園中有些羅望子樹。一些盜賊年事已高，無法大肆作惡，便動了偷摘果實之念。當時只有尊者在場，侍從皆不在。盜賊看見他，向其他盜賊報信。一位盜賊說：「此人閉目而坐，動也不動，不吐一字。咱們在他眼上倒些仙人掌汁，看有什麼反應。」但尊者仍不動如山，似乎對他的肉身或羅望子樹發生什麼事漠不關心。盜賊對尊者的自制力驚為天人：「我們別管他，繼續行動吧。」

尊者在古魯墓廟停留了一年半。總有人去干擾尊者的苦行。附近有片芒果園，園主范卡塔拉馬·奈可請尊者遷至園中，免受干擾。也對尊者保證，若無他的允許，無人可拜訪他。一八九八年四五月間，尊者與巴拉尼史瓦米一同搬入了果園。芒果樹間搭了兩座平台，兩人住下，有如看守果園的工人。

16 梵我合一的勝利

「天色將暗，他不在操場玩，似乎沒去上學，也沒回家。維克達拉瑪誰都沒說一聲，究竟去哪了？是不是因位不用功唸書被罵，跑回瑪那馬杜賴去了？但這次也沒罵得特別嚴厲啊！」伯父舒巴·艾耶和大哥納格史瓦米心想，四處詢問親友，不知如何是好。最後，他們終於發現了維克達拉瑪留在他大哥褲中的一封信。維克達拉瑪的確是離家了，但不知前往何處。該上哪找人呢？他們當天（一八九六年八月廿九日）就以電報通知瑪那馬杜賴的親友。阿樂葛瑪及叔父納里爾巴·艾耶得知消息，十分震驚。阿樂葛瑪的丈夫過世還不到五年啊！

他們想到幾種可能：是否是納格史瓦米責備他不用功，但這也沒什麼不對呀！是舒巴·艾耶的妻子要他做太多家事了？但他伯母不是這種人。還是學校老師警告他考試不及格？離家原因大體不出這些。但這些推測是否正確？上主的召喚讓人難以抗拒，塵世執著不再起作用。維克達拉瑪沒有任何執著，一心只想躺在天父的膝上。這樣的人又怎能留在家中呢？

眾人從瑪那馬杜賴到馬杜賴加入搜尋行列，但一無所獲。他們安慰阿樂葛瑪：「他身上只有三盧比，等錢用完了自然就會回家。」幾天、幾星期、幾個月過去了，男孩還是沒有回來，眾人也不再安慰她了。

他們聽說維克達拉瑪在蒂魯瓦南塔普朗加入了戲班子。納里爾巴．艾耶前去探問，卻無功而返。阿樂葛瑪認為他沒有認真尋找，又親自去了一趟。在街角發現一名體型與維克達拉瑪相若的男子，卻沒能追上他。阿樂葛瑪無功而返。

不久，納格史瓦米通過考試，成了戶政辦事員，妻子搬來與他同住。看著兒子成家立業，阿樂葛瑪稍覺寬慰，淡忘了傷悲。

一八九八年五月一日，大伯舒巴．艾耶逝於馬杜賴。叔父納里爾巴．艾耶等人前往馬杜賴參加喪禮，之後叔父短暫停留。一日下午，一名從蒂魯丘立來的年輕人興奮地跑進屋內，大聲嚷嚷：「找到維克達拉瑪了！他在蒂魯瓦納瑪萊，成了知名的修行人。」家人不可置信，問他是如何得知的。年輕人回答：「我去了蒂魯拿桑邦達僧院，來自蒂魯瓦南瑪萊僧院的阿南瑪萊．坦伯蘭，正充滿敬意地談論蒂魯瓦納瑪萊的一位年輕師父。我家附近有些房子隸屬僧院，因此他認識我。他認出我，說：『這位年輕師父出身你們那裡呢！』我回問這位師父是誰，他說：『蒂魯丘立的維克達拉瑪，他在一張紙上這麼寫的。』

我一聽到這消息，馬上就跑來了。」

叔父及另位遠親納拉揚史瓦米．艾耶，隨即動身前往蒂魯瓦納瑪萊。尊者當時住在范卡塔拉馬．奈可的芒果園中，他不允許他們拜訪尊者：「他是位禁語者，你們無論如何都不應打擾他。」叔父懇求道：「至少讓我們看他一眼。」園主奈可堅決不讓步。最後叔父哀求道：「我會寫張字條。請拿給您的尊者看，假如他同意的話，就讓我們進去吧。」奈可同意了。叔父寫道：「瑪那馬杜賴的納里爾巴．艾耶懇請您聽我說。」紙條的另一面是納格史瓦米的手跡，上頭有戶政司的鉛印。尊者見了紙條，知道大哥納格史瓦米找到工作了。他同意見他們，叔父於是進入果園。

他果真是他們的維克達拉瑪，身體骯髒得讓人皺眉。叔父心中五味雜陳：高興找到他，難過他骯髒的儀容，歡喜他的成就，為他可憐的處境動容。由於尊者禁語，叔父告訴奈可及巴拉尼史瓦米說：

「我很高興家族中出了一位臻至如此境界的孩子，但他無須讓自己如此受苦，家中對他絕對支持。他無須拋棄他的修行之路，無須娶妻生子。他可以在家人之間繼續修行，我會安排一切。瑪那馬杜賴有個大成就者的墳，若尊者不願住在家，可住在那裡。我會照顧他，確保他不受任何打擾。」

這也只是白費脣舌，尊者不動如山，叔父開始懷疑他是否有聽見，他或許根本不是他們的孩子！但這場試驗仍持續了五六天。

「這孩子完全變了，我們說的話讓他不悅。」叔父心想。一起前來的遠房親戚納拉揚史瓦米．艾耶對此很生氣，想強行帶走尊者。但一旦他抱持此念靠近尊者，全身都是灼熱感。他只好打退堂鼓，心想這真是夠了。他們決定返家，告訴阿樂葛瑪所見所聞。好消息是這確實是他們家的孩子，壞消息是他拒絕返家。

尊者的母親並不滿意這個結果。尊者的大哥納格史瓦米說：「假如他是叔父的親生兒子，叔父會空手而回嗎？叔父不會將他強行帶走嗎？我們自己去！」但納格史瓦米也說了，公司是不會讓他請假的。

在芒果園半年後，尊者擔心訪客過多有害果樹生長，決定搬到阿魯那吉里納達神廟。阿魯那吉里納達據說是商羯羅建造的林伽，在阿央庫南水池西邊。尊者在一八九八年八九月之間搬遷至此。

尊者搬至古魯墓廟之前，住在戈普拉．蘇布拉曼亞拉亞，當時只化緣過一次。他拒絕了一位經常供奉苦行僧的虔誠女士的食物，來到廟宇附近一幢屋子，拍著手。這戶人家的女主人慕他瑪認得他，帶他進屋，奉上食物。她覺得尊者貌似她剛過世的兒子。在古魯墓廟時，尊者無須出門化緣，有人會供奉食物。在芒果園時，沒有人被允許進入供奉食物。巴拉尼史瓦米會去基爾那舍或阿魯那佳拉化緣。或許尊者現在自行化緣，是想獨自一人，於是請巴拉尼史瓦米離去，不過巴拉尼史瓦米當晚就回到尊者身旁。他還能去哪裡呢？他怎能離開尊者而活？

不出一個月，尊者便不勝群眾所擾，搬至阿魯那佳拉神廟的西塔，但群眾仍尾隨而至。阿魯那佳拉西北有座丘陵帕瓦拉崑德魯，是阿魯那佳拉山的一部分，有人說是其足。山上有座濕婆廟、一處湧泉與山洞，傳說智者喬達摩（即釋迦牟尼）曾在此苦行。山腳下則有座僧院。

尊者或住寺廟，或住洞中。無論巴拉尼史瓦米在否，出於好玩，他也會去鎮上化緣。因為禁語，他只會駐足屋前拍手。門口有人出現，他便伸手做成碗狀，接受任何放在手中的食物，在街上邊吃邊走，完全不在意路人眼光。參謁尊者者，對此舉感到驚訝。尊者如是說乞討：「乞討是自願的，因此沒有被羞辱的感覺，即便皇帝親臨也不在乎。非常享受。」

一八九八年聖誕節期間，阿樂葛瑪和大兒子納格史瓦米一同前來阿魯那佳拉。聽說尊者在帕瓦拉崑德魯，便轉往此處。尊者正躺在石頭上，面朝東方。即便長髮糾結、指甲長而捲曲、滿臉灰塵，做母親的仍舊一眼就認出兒子。她幾近崩潰，哀求兒子回家。尊者完全不為所動，不吭一聲。她千方百計想動之以情，細數自己的不幸，苦苦哀求，但尊者不發一語，不動如山。隔天，她在眾人圍繞他時造訪，將自己的故事告訴旁人，大家聽了為之動容，其中一位名叫恰阿巴．皮萊的，忍不住要求尊者為母親著想，至少也給她一個回答吧！他拿來紙筆，請尊者不要只是靜默以對，要寫下對母親的回應。尊者同意，寫道：

造物主根據眾生過去行為來宰制其命運。無論你多努力，註定不會發生之事，絕不會發生。註定會發生之事，無論你多努力阻止，仍會發生。事情本就如此。最佳因應之道，是保持靜默。

——摘自《了悟真我》，納雷辛荷

此為尊者首次開示，但當時這段開示必讓母親不悅。由於大哥的假期將盡，他們只能返家。阿樂葛瑪心想：「我的等待所為何來？我命該如此。」只好依依不捨地離開阿魯那佳拉。

幾代以前，一位出家人到孫德倫．艾耶祖先的屋子化緣。他沒得到任何食物，不滿這家人的漠然，詛咒道：「你們家中每一代至少會有一人，得向我一樣乞求食物。」

此詛咒（或是恩典？）連續三代都應驗了。此誠為我們之幸，否則何來上師拉瑪那一般的救贖者呢？

17 預備功夫

有人問：維克達拉瑪已於馬杜賴證得真我，何需啟蒙或苦行？聖人兼作曲家絛喀拉加亦問：「若已知肉身非真我，何需持咒？」無欲之人的苦行絕非出於一己之私，此人之苦行必另有深意。

「了知梵者必是梵。」但其肉身在此大千世界中清晰可見，執行各種功能。解脫者或已無業力之束縛，但其肉身仍在業力的枷鎖中。

解脫者可為在家人，亦可為出家人。有些如迦拿卡統治國土；有些則如達他崔亞為尋道者之師。為人師表需鍛鍊、真知、演說技巧，以昭公信。需具備這些特質，宇宙力量才會予此人教導他人的任務。羅摩克里虛那尊者有言：「除非是被威權政府強迫，用宣告所下達的命令，大家是不會接受的。」

要具備這些特質，為人師表，時間及鍛鍊不可或缺。每位先知皆經歷過如此的預備功夫：耶穌證得真我後，閉關四十日；我們皆知佛陀事蹟；穆罕默德閉關於山洞中。

以上例子，我們可確知聖人以人身化現時，在成為世界導師之前，仍需一段預備時期。

自至上大力進入維克達拉瑪那一刻起，此肉身即被指派奉獻於世間，需閉關為此任務做準備。需斷絕成為阻力的親屬關係，遷徙至遠方——阿魯那佳拉。讓肉身的每個原子充滿至上大力，準備好增進人類福祉，這些都需要時間。拜至上大力的鼓舞，尊者肉身得以常駐阿特曼，無視於塵世及人群，言語內化。

只有獨具慧眼的偉人，方能知曉此肉身在此期間打通了什麼脈輪，累積了什麼法力。因此當時沒有人可說明發生何事。當尊者重回塵世時，此肉身已大不相同。此肉身成為至上上主，每個原子皆神聖、充滿力量。我們已知此準備階段的導師是阿魯那佳拉，接著來看看塵世間的事件。

尊者的開示始於古魯墓廟附近，范卡塔拉馬·奈可的芒果園。

在此密集準備期間，由於尊者言語能力退化。起初復話非常困難，僅能向侍者巴拉尼史瓦米吐出幾個字。烏當迪·那耶拿得知尊者懂坦米爾語，於是請求開示。當時尊者並不熟悉任何經典，但烏當迪·那耶拿已遍讀群書，想問的是親身證得的開示。尊者於是在紙片上寫下教誨。那耶拿視為珍寶，一生珍藏，敬之如《奧義書》中的智慧格言。

烏當迪．那耶拿於是成了尊者首位門徒。尊者寫下的教誨終究散佚，或許是專為那耶拿所寫。但若要成為世界導師，尚嫌不足。至上大力必會提供機緣，使其熟悉經典真知。

坦伯蘭總是在吟唱坦米爾聖詩及聖樂，其內容可謂靈性思想的寶庫。尊者聽聞他的唱誦，進而熟悉了這些內容。

巴拉尼史瓦米識字不多，但很想學習閱讀。他從鎮上那加淩嘎史瓦米圖書館借來坦米爾文的靈性經典，認真研讀，卻無法理解。尊者感念他的認真，會掃讀文字，再以淺顯易懂的方式為巴拉尼史瓦米講解。尊者天資聰穎，親證真相，能記憶各種辭彙。因巴拉尼史瓦米之故，尊者熟悉了《瓦西斯塔智慧經》、《解脫精義》、《寶鬘辨》等坦米爾文經典。巴拉尼史瓦米成了尊者第二位門徒。

尊者從未啟蒙任何人。但據說他會以眼神、在夢中出現，或碰觸門徒頭部、心，給予啟蒙。其開示主要是回答求道者的問題。每個人根據自身經驗，明白尊者是否接受其為門徒，殆無疑異。尊者從未有正式皈依的儀式，或以梵咒啟蒙等儀軌。

至此，創造力量已提供尊者足夠的書本知識來扮演他的角色。但成為一位世界導師，必須要有棲身之所。讓我們來看看這是怎麼發生的吧！

18 無與倫比的聖山

迦納帕蒂坐在帕瓦提的膝上說：「母親是我的。」庫瑪拉回答：「沒關係，父親是我的。」接著坐到濕婆的膝上，濕婆親了親他的頭。此庫瑪拉以長矛刺穿克勞札山，而拉瑪那是其偉大的化身。

——《拉瑪那之歌》18．9

一八九九年三月左右，尊者離開帕瓦拉崑德魯，登上阿魯那佳拉。常駐實相的兒子，在天父的自然狀態下，坐到父親的膝上，是再自然不過的了。

傳說上主以四種法相住在阿魯那佳拉：其一為無始無終的光輝，令人對梵天及毗濕奴心生崇敬；其二是阿魯那佳拉史瓦瑞林伽；其三聖人阿魯那吉里；其四是聖人阿魯那吉里瑜伽行者的成就法相。

阿魯那佳拉為光明化身，但外表為一磚紅色大石塊，植被稀疏，據聞此山比喜馬拉雅山還要古老。

地質學家認為，地球本為大火球，冷卻過程中凝固形成此山，是勒姆利亞陸塊一部分，最後沒入印度洋中。因此此山正如神話所言，是地球的中心。

山上有許多適合苦行之處。站在阿魯那佳拉神廟西塔後方，可見一條通往山頂之路。路上有幾個山洞、神壇等適合靜坐處。有幾處山泉，在陽光下輝耀有如流金，水聲潺潺有如仙樂。有幾棵提供充足遮蔭的大樹，幾處果園也適於苦行。往上爬，面向東方，可見阿魯那佳拉神廟及其東側的小鎮。小鎮東方是阿央庫南水池（又稱因陀羅聖泉）。湖周圍是田野及果園，遠處成列的山丘將天地連成一氣，風景如詩如畫。即便非求道者，也登頂享受大自然之美，放鬆抒壓，得到祥和喜樂。求道者則見證上主的化現，或讚揚歌誦祂，或入定尋得平和。

至尊上師洞

近山腳處有個山洞。內部雖殘破，有些尚在考慮出家的人會在此停留。一位馬拉亞里瑜伽行者曾居住此處，其弟子為紀念他，稱此地為至尊上師洞。洞穴上方有一神廟，本也是山洞，大家將之作為神廟，以來自思里賽蘭的毗濕婆信徒古海·那瑪斯瓦雅命名。他和另一位信徒維魯巴沙·德瓦一同來到阿魯那佳拉，住在這些山洞裡。因此這些山洞以他們為名。

維魯巴沙洞屋

要更往上走，才會到達這個最重要的山洞。狀如字母「唵」，據說風吹入山洞時，會發出「唵」聲。山洞附近有泉水，維魯巴沙之墓在此。二十世紀初有場官司，爭執雙方皆枉顧此神廟，因此任何人皆可在此停留，不受任何阻撓。尊者居住在此，直到一九一五年及一九一六年間遷居史堪德道場為止。

尊者定居維魯巴沙洞屋多年後，法庭裁定了神廟所有權。神廟所有人指定了一位住持，以參訪者微薄的捐款為收入，但他想在克里提凱節時向參訪者收取額外費用。許多人因無法負擔而折返。尊者認為想參謁他者，被徵收不合理的費用，於是出洞坐到對面的羅望子樹下。但住持開始收取前往此樹的費用。尊者並無非待在此地不可的理由，於是遷居古海·那瑪斯瓦雅洞。住持此時方明白信眾是前來參謁尊者，而非探訪洞穴或神廟，於是懇求尊者定居維魯巴沙洞屋。尊者同意了。

慕賴帕聖泉、芒果樹洞

維魯巴沙洞屋對面往北，是慕賴帕聖泉（牛奶泉），終年流著豐沛甜美的水。傳說泉水源頭是濕婆的腳大姆趾，從安畢卡的胸膛湧出。附近有一株芒果樹，樹根處有一洞穴，因此名為芒果樹洞。維魯巴沙洞屋夏季時無風無水，十分炎熱。兩位信徒拉瑪努亞恰拉及蘭加恰拉整理了芒果樹洞，讓尊者於夏季時居住。

史堪德道場

維魯巴沙洞屋再往上，有道清澈甜美的泉水，信眾認為此處可作為尊者的居所。一九一五年至一九一六年間，信眾清理夷平地面，建造房屋，樹木環繞。椰子樹、芒果樹構成了如畫風景，讓人駐足，有如阿魯那佳拉之心。屋內有廚房、起居廳，前方有陽台。信徒堪德史瓦米發動了整個計畫。門徒及數位信眾相信尊者是天神史堪德再世，因此將道場命名為「史堪德道場」。

無論住在何處，尊者總不缺食物。日益增多的信眾，總想方設法供養。沒有食物時，忠心的巴拉尼史瓦米會進城化緣。之後一些很想侍奉尊者的人加入巴拉尼史瓦米的行列，其中一人會進城化緣。

19 開示

搬至維魯巴沙洞屋後，拜謁尊者者漸增。訪者各式各樣，求道者、目不識丁者、飽讀詩書者。雖然尊者不施教誨，但眾人認為這般的苦行化身必有偉大的智慧，他能覺知周遭，便足以吸引信眾。有志修行及瑜伽者請尊者解惑。但為了要能以眾人可理解的方式教導，尊者需熟悉傳統經典中的辭彙，必須用聽者可理解的方式解釋，讓他們理解、進行鍛鍊。因此尊者為了眾生需研讀經典，而不是為了他自己。雖常駐於「超越心靈及言語的『那個』」，為了解釋「那個」，語言是不可或缺的。尊者因此必須參閱經典。

地方首長甘布倫．謝夏雅從一九〇〇年起便經常拜訪尊者，是尊者搬至維魯巴沙洞屋後，侍奉他的人之一。他信奉羅摩，總是唱誦其聖名。自詡為尊者之僕，定期洒掃山洞。對瑜伽有興趣，研讀了維韋卡南達尊者的《王者瑜伽》及其他經典；也讀了《羅摩之歌》的英譯本，卻無法理解。因對梵文所知有限，心中有許多困惑。他拿這些文字給尊者釋疑，尊者會先看過，再以坦米爾語在小張紙上寫下其內容。謝夏雅會提出更多問題，尊者則以書寫的方式進一步釋疑。

謝夏雅傾心於瑜伽八步功法，強調養氣法的重要，尊者則提倡探究法門。尊者明白要求他突然改變並不妥，因此在解釋維韋卡南達瑜伽的要義時，也強調終極目標的重要。瑜伽鍛鍊之目的是專心，而真我只有在心靈消滅後方能體證。若能體證真我，又何需心靈？

尊者於一九〇〇年、一九〇一年、一九〇二年寫下這些文字。謝夏雅保留這些手稿，將其內容抄入一本小筆記本。他過世後，其兄弟將手稿交付納塔那南達。而納塔那南達將其改寫為問答形式，以坦米爾語出版為《探究真我》，普拉納瓦南達史瓦米將其翻譯為泰盧固語及英語。尊者在《探究真我》開示如何以瑜伽八步功法幫助探究。

一位來自祁丹巴蘭的學者也帶來了商羯羅《寶鬘辨》的梵文版。巴拉尼史瓦米找來當時已有的坦米爾語詩歌形式的譯本。他們再三懇求，尊者於是參考梵文版，以坦米爾散文形式寫下此書。

烏當迪·那耶拿在尊者於古魯墓廟時離去，直到一九〇四年才返回。他將所有存款一百盧比作為上師奉獻。尊者雖感於門徒誠心，但因發願不與金錢往來而婉拒。烏當迪·那耶拿十分堅持，將款項交給當時管理道場事務的甘布倫·謝夏雅，請他用於尊者認可的事務。此筆款項有數年未被運用。一回在整理維魯巴沙洞屋時，發現了《寶鬘辨》的手稿。謝夏雅的姪子克里盧那亞說服尊者完成翻譯。這份梵文原文譯稿風格自由，尊者加入一篇前言點出此經精華。於是以烏當迪·那耶拿的捐款支付出版費用。

寫作之餘，尊者亦研讀吠檀多哲學。山上有位修行人帕德瑪那巴尊者，又名為加塔史瓦米，有數部關於梵咒、阿育吠陀、吠檀多之書籍等梵文作品。尊者拜訪加塔史瓦米以研讀這些經典，過目一回即可熟記並掌握其要義；並與學者討論，獲得經典相關真知。即便是特定經典的專家，也會拜訪尊者釋疑。

透過交談，尊者學會了梵文、泰盧固文、馬拉亞里語。初時以聽聞方式學習，不久便開始研讀語言書籍。

尊者雖身為學者，卻認為僅有經典知識是不夠的。在《真理詩頌四十則》及《拉瑪那之歌》中，他是如此表達這種看法的：

> 與飽讀詩書、卻無有自制者相比，目不識丁者更易獲得救贖。「驕傲」之魔無法抓緊目不識丁者，後者無狂奔的念頭及語言，不瘋狂追求財富，無有許多許多的缺失。
>
> ——《真理詩頌四十則》第三十六則（補篇），史瓦米那坦譯

> 僅僅研讀經典，無法獲得真知。缺少對上主的虔敬，是不可能了悟祂的。這點殆無疑義。
>
> ——《拉瑪那之歌》I · 22

研讀經典，是要讓我們辨是非。尊者認為，這樣的知識不足以讓人得到解脫。尊者開示時從未依循任何傳統，無須其他人的意見，以其親身經驗為本。正因聽眾對其親身證得的真知深具信心，尊者在討論或開示時會引用這些經驗。對其信眾而言，尊者即是標竿。

尊者教的是不二一元論法門，方法是批判性分析，而非僅是邏輯。因此各派教條主義者都不喜歡他。當他們前來向尊者炫燿其學識時，尊者會保持緘默。他們不斷爭辯，但尊者不發一語，他們最後只好失望地離開。尊者是實踐修煉的專家。我們接下來談談這點吧。

20 西瓦普雷克薩姆．皮萊

羅摩！探究真我或「我是誰」，是燒盡心靈之火焰，心靈是萬惡的根源。

——《瓦西斯塔瑜伽經》

西瓦普雷克薩姆．皮萊是主修哲學的大學生。還是學生時，心中便升起「我是誰」這個疑問。尚未自行找到解答，他已畢業，在阿寇區營收部任職。一九〇二年，他到阿魯那佳拉視察，聽聞眾人讚美山上靜默的梵天尊者，純粹開悟，有如不執著的化身。他便前往參謁尊者，盼能解答他學生時代升起的疑問。

尊者或以手勢，或在沙上或版子上書寫，回答了皮萊十三個問題。二十年後，即一九二三年，皮萊將答案抄錄下來，出版為《我是誰》。尊者之前的兩本著作，《探究真我》及《寶鬘辨》包含他人教誨，《我是誰》則完全是尊者之作，可說是尊者首部真知法門的作品。尊者很早便以理論的形式揭露了他的真我體驗。

皮萊為個人福祉尋求尊者指引，但尊者不為所動。但他心中已燃起出世的念頭。或許正因如此，他在一九一〇年辭去工作。

一九一三年皮萊之妻往生，他必須決定要再婚或保持獨身。根據當地風俗，再婚代表一大筆花費，而他當時捉襟見肘。考量再三，他在紙上寫下這些問題：

一、該怎麼做才能脫離世間苦海？

二、我能與自己選擇的女孩成親嗎？

三、若不能，原因為何？

四、若要結婚，該如何找到所需款項？

一晚，他來到象頭神神廟，將這張紙放在神像附近，祈求道：「神啊！祢是我唯一的庇護。在白晝來臨前，請口頭或用文字回答我的疑問。我一定會依祢的命令行事。祢若不回答，梵天尊者就是我唯一的庇護了。」皮萊對上主信心堅定，整晚守在廟裡等待神的回應。沒有任何回答。維那亞卡似乎是要引領祂的信徒至阿魯那佳拉。石頭神像雖有耳朵、眼睛，卻不聞不見，皮萊於是動身前去參謁活神仙拉瑪那。

尊者在維魯巴沙洞屋只有一項工作，只有一種開示——真我（阿特曼）、經驗、探究。皮萊又能問出什麼呢？事實上，尊者的生活即是他的答案。獨身的尊者沒有婚姻欲望，貧窮卻總是喜悅。從他的教誨中，我們可看出他沒有任何欲望。皮萊認為尊者要他放棄欲望，追隨他，於是打消婚姻之念，決定回家。回家前他參謁尊者，希望得到他的祝福。那天是一九一三年五月四日，尊者身旁有幾位訪客。不久，只見燦爛光輝環繞著尊者，尊者頭部生出一金黃色的小男孩，漸漸又融入尊者身上。此景重複兩次，皮萊看得目瞪口呆，明白尊者確實能賜福信眾，不禁流下歡喜的眼淚，此情難以言喻。其他不見此景象的訪客，見皮萊的啜泣感到奇怪。一段時間後，皮萊情緒平復，告訴他人他的經驗。其他人認為這是因為他嗑藥，但皮萊是如此沉醉，懶得辯駁。

次日，皮萊參謁尊者，坐在他面前。這回他見到寧靜的月光環繞尊者，尊者在月光中心，其法相為塗滿香灰（尊者從未這麼做過）的旭日，甘露自眼睛流出。坐在他身邊的人卻什麼都沒看到。皮萊沒有想到向尊者詢問景象的意義，尊者也沒有解釋。這回尊者的身體看似清澈透明的水晶。皮萊徜徉在喜悅中，動也不動，深怕出了如此狀態。

這些奇蹟是真的嗎？果真如此，為何他人看不見？看過皮萊的人都會知道他不會對這種事說謊。靠近上師者，心靈轉化，潛在心靈傾向轉變，便會有這樣的經驗。當然也要有上主的恩典。

皮萊認為這些景象代表了尊者對他的恩典，於是放棄所有婚姻及世俗欲望，留下苦行，抱持獨身。

皮萊是個優秀的詩人。他以坦米爾語寫了一首詩〈恩典錄〉，記述尊者給他的恩典。皮萊住在他的出生地（千甘附近）苦行，在一九四七年一月十三日離開肉身。

21 耶夏摩

該怎麼形容撒巴里的好運？

——條喀拉加

拉西米．阿卯通常被稱為耶夏摩，住在離阿魯那佳拉三十多公里外的曼達寇盧土。她一度住在內羅爾區的卡列度村，丈夫外派至此工作。她的第一個孩子夭折，之後又生了一對兒女。

一晚在夢中，一位光頭、穿著遮羞布的男孩將某物放在她手中，接著消失了。他或許是位出家人。她詢問了淵博的解夢人，後者說男孩是庫瑪拉史瓦米，是她夫家的家神。她認為祂在夢中給了她加持品，卻不知其樣貌。

丈夫轉調至康度庫魯。耶夏摩又夢見同一男子，將寫有梵文字的信緘放到她手中。她告訴男子她不懂上頭文字，男子指示她請教鎮上的一位梵文學者。於是她登門拜訪。學者告訴她這確實是蘇布拉曼亞的加持品，以一梵咒啟蒙她。

苦難接二連三，其子及夫婿短時間內一一過世。她強忍悲痛，與剩下唯一的女兒返鄉。女兒十歲時，耶夏摩為她安排了婚事。婚禮前幾天女兒高燒不退。男孩又在她夢中出現，說：「妳三個子女都過世了。毗溼瓦那達在召喚妳，到山上來吧！」女兒幾天後過世。

耶夏摩失去最後的依靠，陷入愁雲慘霧。村莊及屋子充滿回憶，讓人難以承受。耶夏摩想換個環境，於是得到父親許可，前往不同的朝聖地，為修行者服務。她待在西岸戈卡那的朝聖中心，侍奉修行人。從北方來的一位上師那習得瑜伽八部功法。但她仍飽受煎熬，不知何人能消其之苦。

她一九〇六年返家，心情與離家前並無二致。但她堅信侍奉修行人是化解傷痛唯一的方法。一位親戚建議她去阿魯那佳拉，「梵天尊者在那裡。年僅二十五，有特殊法力，可助你化解悲痛。」即便尊者保持緘默，只要抱持堅定信心侍奉祂，必得利益。於是她動身前往阿魯那佳拉。她刻意迴避當地親友，只在一位友人的陪同下參謁住於維魯巴沙洞屋的尊者。她發現出現三次的夢中人，正是眼前這位至上上師。她靜靜坐了一個鐘頭，尊者一如往常沉默不語。她的腳彷彿生了根，不想返家，但終究得回去。到家後，她告訴友人，心中的大石已卸下。

從那天起，她定期造訪道場，有如被磁鐵吸引的鐵塊。她用父親及兄弟寄來的錢侍奉尊者及其門徒，無論他們去哪，她都會準備食物。一些拉瑪那的信眾下榻在她的屋子。沒有人知道她的眼淚是如何停止的。即便想起夫婿及子女，她也不再充滿傷痛。她只知這是上師的加持與恩典。尊者是她的父親、母親、上師、上主；祥和及虔誠則是她最大的回報。她坦然接受發生的一切皆是尊者恩典，會馬上向他回報。

經過尊者允許，她收養了姪女切拉瑪，為其安排婚事，將外孫取名為拉瑪那。一日，她接到女婿電報，說切拉瑪往生了。晴天霹靂，過去的傷悲似乎又要再將她吞噬。但這回不同，她有位救贖者。她將電報示與尊者。尊者同情所有「不幸之人」，傷心落淚。告別式後，耶夏摩帶著象徵女兒回憶的外孫拉瑪那回來，將嬰兒放在尊者膝上，似乎是相信尊者是她與嬰兒唯一的庇護。尊者感同身受，再一次潸然淚下。命運無情，但滿是奉獻精神的耶夏摩，不多時就走過了傷悲。

有人以為真知者或有顆善良知心，但無法同情眾生之苦。但對上主的化身來說，同情疼愛子女是再自然不過的了。

尊者先掃除了耶夏摩的陰霾，接下來給予開示。她原本的鍛鍊，是專注於鼻尖，觀想此處散發的燦爛光芒，這讓她一連數小時、數日浸潤在狂喜中。一回她渾然忘我地坐著，屋主以為她往生了，趕緊報告尊者。尊者不發一語。之後她告訴尊者自己是如何修習瑜伽的，尊者說：「燦爛光芒不過是虛相，而非妳要了悟的目標阿特曼。為何要追求較低層次的目標呢？」於是他教導她從瑜伽法門進入探究法門。耶夏摩對尊者深具信心，遵其開示。尊者更以不同的方式賜予她恩典，以下是幾個例子。

一回，耶夏摩帶著給尊者的食物爬上山，偏偏下起大雨。她在某處躲雨，看到不遠處的尊者，四周完全是乾的，但再遠一些可是下著傾盆大雨呢！

另一回，北方一位學者至維魯巴沙洞屋參謁尊者，討論幾個精細的問題。耶夏摩一如往常來到洞穴，對眼前景象大為震驚，不住發抖。尊者問她發生何事，她說，在走到至上尊師洞的路上，感覺洞中有兩個人，尊者及一旁的訪客。她沒有停下腳步，繼續前進。這時一個聲音說：「他就在這裡，何需往上爬？」轉身卻不見一絲人影。她害怕地發抖，不知自己是如何來到洞穴的。學者對尊者說：「您雖然一直在這裡同我說話，卻在另一個地方向她顯靈！我怎麼沒得到您同樣的恩典呢？」

尊者只說，因為耶夏摩無時無刻都想著他，因此在別處見其法相。但我們仍不知她何以也能見到那位訪客！

又一回，耶夏摩在往尊者洞穴的路上，見樹梢有隻烏鴉正在啄一隻鸚鵡。鸚鵡掉落至地面，耶夏摩將他拾起，帶給尊者。雖然尊者悉心照料，但鸚鵡數日後仍然不治。尊者埋葬了鳥兒，宣布在其上蓋一幢建築。說著，附近聳起了一棟建築，一旁的洞穴因此被稱為鸚鵡洞。

尊者從不認同女性不適於探究法門的說法。卡瓦·康達·加納帕提·慕尼的妻子毗莎拉克希一回詢問上師此事。尊者答，常駐真我的女性也可出家，往生時肉身應土葬。第十三章的《拉瑪那之歌》提到這點。

耶夏摩是位悅性虔誠者。雖完全奉獻於尊者，卻從未忽略其他偉大的靈魂。她對瑟夏迪．史瓦米十分虔敬，瑟夏迪．史瓦米也喜愛她的善良與虔誠。瑟夏迪．史瓦米從不允許他人接近、也不會拜訪他人，卻會拜訪耶夏摩；耶夏摩天黑時由道場返家，他也數度陪同。一日，一位學者在耶夏摩家中解讀神話經典，瑟夏迪．史瓦米突然闖入。學者十分不悅地說：「這種人就算再投胎一千次也不得智慧。」耶夏摩聽了很不是滋味，心想若瑟夏迪．史瓦米能給一場演說，就能銼銼學者的銳氣。於是瑟夏迪．史瓦米沒有參考任何書本，即進行一場一小時的演說，其學識淵博讓聽眾如癡如醉。

又有一回，耶夏摩正在行供奉，瑟夏迪．史瓦米來拜訪，問她在做什麼。耶夏摩說她在膜拜瑟夏迪．史瓦米及拉瑪那尊者的照片。瑟夏迪問她為何不靜坐。耶夏摩雖知道如何靜坐，但為了向瑟夏迪．史瓦米學習，於是請他傳授靜坐方法。瑟夏迪．史瓦米立即以蓮花坐姿坐下，示範如何靜坐。他進入三摩地有四小時之久，最後只說：「妳注意到了嗎？」便離開。認識瑟夏迪．史瓦米的人，便知這是多大的福氣啊！

尊者解除了西瓦普雷克薩姆．皮萊的世俗渴望，引他至探究之道。對耶夏摩也是如此。若無尊者恩典，浸潤在世俗傷悲者，又怎能步上探究之道？

22 加納帕提·慕尼

一九〇三年，薄伽梵住在阿迪姆帝壇，有眾多門徒。一位來自安德拉的學者解釋了著名的祈禱偈頌：

Suklambaradharam Vishnum sasivarnam catur bhujam
prasanna vadanam dhyayeth sarva vighnopasantaye

這似乎正是形容薄伽梵：

他也披了件白布，他常駐真我，是毗濕奴（無所不在之神）的化身，盡滅心靈、思辨、心靈質以及「我」之思維。面容慈祥，掃除靜坐者所有的阻礙。

次年，這位學者於克里提凱節前來阿魯那佳拉，唱誦《濕婆千句經》讚美上主。聽者無不讚嘆其學識及文章美麗的風格。

眾人皆想知道這位外表素樸、學識淵博之士，是何許人也。聽說他來自安德拉，是玻畢里附近的卡魯瓦拉伊婆羅門家族，名字是卡瓦．康達．加納帕提．夏斯特里（又以加納帕提．慕尼之名，聞名於世）。眾人稱許此人有福，又擁有難得的天賦。

加納帕提確實從小便有上主賜福。一八七八年，父親納拉辛哈．夏斯特里於卡西的維那亞卡神像前持咒，突然見一小男孩由神像處向他走來。當時，在家中的妻子恰好產下一名男嬰，取名為加納帕提。

加納帕提五歲前體弱多病，心智遲滯。六歲時，他被一燒紅鐵塊烙燙，所有疾病便不藥而癒，之後也能開口說話。

他開始上學後，展現了過人的聰明才智：理解力強、過目不忘、直覺精準。沒有他不能理解的事，沒有聽過一次後記不住之事，沒有其才智無法分析的經典。十歲時已能背誦數首宮庭詩，繪製天文曆，即席創作梵文詩文。讀了《羅摩衍那》及《摩訶婆羅多》等史詩後，心中升起兩個壯志：一是成為如亞沙及瓦米其般的偉大詩人，畢竟他已經開始創作詩歌了。二是，神話中的智者如毗斯瓦密塔、虔誠者如杜瓦，用持咒所得的力量創造新世界，在虛空中找到永恆居所，何不像他們一樣呢？他心中懷抱如此壯志，繼續學習。

十二歲時，加納帕提效法詩人卡力德薩，以曼達康塔聲韻創作梵文宮庭詩〈甜美訊息〉。不出幾年，他已精通聲韻學、文法修辭學、宮庭詩、神話。他是即興詩人、八道比賽詩人*、演說家。一九〇〇年還在卡西城時，朋友鼓勵他至納瓦德維巴參加學者會議。在偉大知名學者雲集的大會上，他展現了無與倫比的文學天賦，贏得「宮庭詩康達」頭銜。當時他不過二十二歲。

為達成第二個壯志，他接受啟蒙，學了幾個梵咒。他最喜愛的是濕婆五音咒。為了確實持咒，他研讀了數部《阿含經》。他精通所有梵文修行經典。

十八歲那年成婚，但他得到父親與妻子許可，前往在恆河河岸的納瑪達及戈達瓦里持咒鍛鍊。為了持咒，他幾乎走遍印度所有聖地十二次。雖偶有靈性體驗，卻從未見到企望的濕婆。

在瓦拉那夕，滿意的女神在夢中賜予他蜂蜜。在納西克，廟中和尚誤認他為小偷，當地人將他毒打一頓。盛怒之下，他詛咒當地人的肉身也會經歷如他的遭遇。不出一個月，突如其來的熱帶氣旋重創當地。他雖有法力，卻對自己一點好處也沒有！

研讀吠陀經典時，加納帕提．夏斯特里心中浮現了偉大的亞利安文明：井然有序，生活

---

* 譯注：八道比賽詩人（*ashtavadhani*），印度傳統以問答方式進行的即興詩賦創作，需精通八種不同的學科。

祥和愉快。相較之下，他身處的社會顯得僵化、死氣沉沉；眾人因循各種風俗，僵硬死板，更是當時世上最受到奴役的國家！

於是他下定決心改革社會，復興古老價值。他集結一群願獻身掃蕩社會中一切分裂力量的有為青年，如同古代智者般持咒，以建立新的亞利安社會。加納帕提認為持咒是關鍵。

加納帕提唱誦濕婆五音咒一億次，寫下上主之名一億次，卻徒勞無功。一九〇四年，加納帕提在維洛爾出任泰盧固語學者。他開始採取實際步驟達成其壯志，在身邊集結了一群弟子，花時間教導他們，而非授予梵咒。但他仍覺此舉徒勞無功，於是在一九〇七年來到阿魯那佳拉，重新開始持咒。

儘管他學富五車，卻無法理解持咒精義，持咒多年，卻仍無緣見到梵咒的目標神祇，十分灰心。

一九〇七年十一月克里提凱節，加納帕提正在靜坐，突然一個聲音告訴他上主召喚他。他睜開雙眼，卻四下無人，發出聲音者似乎無形無相。於是他一邊在內心持咒，一邊走向阿魯那佳拉史瓦瑞神廟。走近時，靜止的神轎動了起來。加納帕提行大拜禮，但上主仍未現身。加納帕提更為失望。次日下午，他在一位弟子家靜坐，腦海中突然閃過「梵天尊者」之名。他想起尊者能直接體證真我，必知持咒的祕密，可解答他的疑惑。

他決意尋求梵天尊者之庇護。他不知尊者是否記得他對祈禱偈子的詮釋，但仍決定尋求尊者的指引。尊者是他唯一的救贖。加納帕提不顧正午豔陽高照，立即出發。

加納帕提來到維魯巴沙洞屋，情緒激動，尊者正獨自坐在石上。加納帕提行大拜禮，雙手抓住尊者雙足，哽咽道：「我遍讀群書，通曉吠檀多經典，盡心持咒。但至今仍不懂苦行之真諦。我前來向您請示，請對我開示苦行之精義。」

尊者直視加納帕提十五分鐘之久，而加納帕提則焦急地等待回應。無人闖入打擾。最後，尊者以坦米爾語說：

你若觀察、探究「自我感」從何而來，心思便會集中。此即是苦行。你在持咒時若探究、觀察梵咒聲音來自何方，心思便會集中。此即是苦行。

飽受折磨的加納帕提立即獲得平靜。他明白這是自吠陀時代以來，唯一同等重要的開示，昭示著前所未有、臻至解脫的新法門。尊者身為完美瑜伽行者，感念加納帕提長年持咒，在聖地阿魯那佳拉道出終極開示。此奧義之後被傳授給世界各地的門徒及求道者。

能看到解脫法門者，是智者。示現此獨特法門的拉瑪那，也是大悟者（Maharshi，音譯為「馬哈希」）。

加納帕提・夏斯特里在那裡待了幾小時，在確定梵天尊者之名後，即席作出五則讚美「拉瑪那」之偈子。當時，夏斯特里並不知尊者的親戚（拉克施曼・艾耶）曾稱孩童時期的維克達拉瑪為「拉瑪那」。加納帕提是重新使用此名的關鍵。次日，加納帕提將此開示教授其弟子，並告知是拉瑪那所給。他要弟子稱尊者為「薄伽梵・拉瑪那・大悟者」，此名後來傳遍世界。

依據傳統，符合以下特徵者，稱為「智者」：獨身、嚴峻苦行、完全控制性欲、絕對誠實、通曉吠陀經及吠陀學。

「薄伽梵」一字中的「薄伽」，指繁盛、完美、法性、名聲、靈性知識、真知、無執著等等。「智者」及「薄伽梵」皆適用拉瑪那。加納帕提認為他是因女神烏瑪恩典獲得開示。為表達謝意，三星期內寫就《烏瑪千句頌》，獻給女神。受到神聖大悟者臨在的鼓舞，他將最後三百句念給四位抄寫員。原本在一旁默默觀察的大悟者問：「所有的句子都記下了？」加納帕提上呈尊者，說每句都記下了。這些句子實出自大悟者，但從加納帕提之口化現。加納帕提之後雖然修改了幾句，但最後三百句無一處需要修改。

一九〇八年頭三個月，大悟者、加納帕提及其他弟子住在阿魯那佳拉山腳下的帕加阿曼神廟，泰半花費皆由信徒羅摩史瓦米．艾言格所供養。加納帕提開始鍛鍊尊者教授的靜坐。一日黎明時分，加納帕提見一道燦爛光輝碰觸大悟者前額六次，同時融入大悟者周圍氣場，成六角形。

加納帕提雖奉行尊者教導，但仍抱有舊時信念。一九〇八年三月底，加納帕提欲離開阿魯那佳拉，詢問大悟者，僅是探究「我」之思維之根源，能否達成其壯志，是否應加入持咒？尊者答曰，探究真我便已足夠。加納帕提又問他的動機是否良善，尊者答：

將一切交給上主，祂即會挑起你所有責任，你便毋有負擔。祂明白該有何作為。

多年後薄伽梵說：

上主肩負全世界之責，但虛妄的自我卻咬著牙，自以為挑起其責，有如高塔上之圖案自以為撐起了高塔。

——《真理詩頌四十則：補篇》第十七則，史瓦米那坦譯一九〇八年，大悟者准許加納帕提離開阿魯那佳拉，到馬德拉斯附近的蒂魯沃特尤苦行。他於象頭神神廟苦行十八日。最後一日他遇到障礙，心想若大悟者顯靈便能解決。他雖睡下，意識卻很清楚。拉瑪那突然現身坐在加納帕提身旁。驚訝的加納帕提試著起身，但大悟者按著他的頭，要他坐下。加納帕提感覺似乎有一道電流通過身體，認為這是「手觸啟蒙」。

大悟者自一八九六年便未曾離開阿魯那佳拉，我們該怎麼解釋加納帕提的經歷呢？

二十年後，確切而言是一九二九年十月十七日，加納帕提告訴大悟者這件事。大悟者說：「多年前我正在維魯巴沙洞屋休息。並無進入三摩地，卻感覺身體浮在空中，不斷往上，周圍事物消失，只剩白光環繞。此時肉身突然下墜，又可看見了。心想此便是能消失再出現的法力。我發現自己走在蒂魯沃特尤的大街上。看見遠處象頭神神廟，便走了進去。我不記得說或做了什麼。這時我醒過來，發現自己在維魯巴沙洞屋中睡著了。我馬上告訴巴拉尼史瓦米整件事的經過。」

加納帕提也肯定大悟者對象頭神神廟的描述無誤。

加納帕提偶爾到阿魯那佳拉觀謁薄伽梵。一九二二至一九二九年間，他與家人定居在此。一回於芒果樹洞時，他的天靈蓋打開，感到頂輪處變得鬆軟。

加納帕提坦言，雖盡力遵循真知法門，卻從未能體驗真我。最初數年，潛在習性確實是難以跨越的障礙。再者，當強大的至上大力作用於肉身時，實在令人難以承受。這時他會向薄伽梵求助，渡過難關。

加納帕提曾說至上大力有精細及粗鈍兩種。前者充滿神性，當粗鈍轉化為精細時，天靈蓋便會打開。此力量使他無法忍受碰觸金屬物，總得穿上木拖鞋。他的幾位弟子也曾體驗此力量，握於手中的銅幣會變成金子。

大悟者深愛加納帕提——欣賞他的博學多聞、高貴的理想、苦行的決心。若非加納帕提的鼓勵，薄伽梵也不會以梵文及泰盧固語作詩。

大悟者及加納帕提之弟子，都稱加納帕提為「那耶拿」。加納帕提深具遠見，演說動人。有人說加納帕提為神聖真知的化身，我們可由卡帕里·夏斯特里之《神聖瓦西斯塔》見證其不凡，若非理想與愛國情操之束縛，加納帕提必能了悟真我。

他寫了許多詩讚美薄伽梵，其中《拉瑪那尊者四十首讚歌》每天早晨皆會在薄伽梵面前朗誦。薄伽梵之神廟至今仍朗誦此詩。

為成其壯志，直至一九三〇年，加納帕提仍參與政治與社會改革。其後他全心苦行。一九三六年七月廿五日，於喀拉普附近的寧普拉道場往生。

除了侍奉薄伽梵，加納帕提更是在印度各地弘揚薄伽梵的教誨。他將薄伽梵對門徒問題的回應，寫成《拉瑪那之歌》，此書是眾生的無價之寶。他也將薄伽梵的《真理詩頌四十則》譯為梵文。早在一九〇三年，他即明瞭薄伽梵之偉大，並宣告四方。在其帶領下，弟子普拉納瓦南達及卡帕里．夏斯特里分別為薄伽梵的〈靈性教導〉及《真理詩頌四十則》作注。後者亦為薄伽梵的〈阿魯那佳拉五頌〉做出極佳註解。其弟子亦為薄伽梵門徒，他們在印度各地弘揚薄伽梵教誨。

23 羅摩史瓦米．艾耶

一九〇八年四月，蒂魯瓦納瑪萊公共事務部督導瑪那瓦西．羅摩史瓦米．艾耶，至維魯巴沙洞屋參謁大悟者。同行友人覺得是浪費時間，但羅摩史瓦米．艾耶卻想再見尊者一面，於是獨自再訪。大悟者當時也獨自一人，艾耶見到尊者時，湧起莫名情緒而說道：「尊者，耶穌等偉大人物降生世上解救眾生。我能得到救贖嗎？」尊者感其言，起立以英語說：「有的。有希望，有希望。」艾耶在日記中記下這段話，從此保持寫日記的習慣。

艾耶不僅來自音樂世家，本身也是作曲家。當日即創作一曲，其義為：「您是我的庇護，無人能取代。您是甜美芬芳的花朵，信眾如蜜蜂般被吸引至您足下。」之後他又作了數首曲子，其中一首的副歌是「我求庇護於您」，最是美麗動人。

此後艾耶只要有機會，便會在傍晚參謁大悟者。一回，大悟者半小時靜坐不語，之後望向艾耶。艾耶立即感到一鼓熱流竄入全身，其後又有一次相同的經歷。

艾耶飽受消化不良及失眠之苦。一夜，艾耶頭痛失眠，大悟者問安，艾耶的頭痛頃即消失，安然入夢。

坦米爾曆索米亞年阿迪月十八日，一女信徒特地為大悟者及信眾準備點心。艾耶消化不良，只能吃稀飯。但在大悟者堅持下，吃了油膩的美食。說也奇怪，艾耶並無不適，當晚睡得很沉。

艾耶在各種身體小毛病上，感受到大悟者之恩典，於是全心仰賴他。家人起初反對艾耶參謁大悟者，但在得知其消化不良奇蹟似地不藥而癒之後，便不再反對，甚至將他的食物送至山上。大悟者只需看他一眼，昂貴藥品也無能為力的病症變消失。大悟者以眼神啟蒙的力量，更勝觸摸。

薄伽梵開示艾耶：「勿忘真我，任何遺忘皆有害。」

從羅摩史瓦米．艾耶的日記片段，我們可知其態度：

「忘記真我，野蠻低下。覺知『我在』，惡習不再。探究『我是誰』，腦中靈光一現，最令人快樂。探究與意志有關。意志力越強，越快樂。毫無疑問，反之亦然。」

其精義如下：真我之至上大力高於一切，探究可增強其力量，可化解所有靈魂及肉身所受的折磨。大悟者常駐真我，脆弱在其面前消失殆盡！

24 虛偽修行人的騷擾

商羯羅說過，世上有許多虛偽的修行人。經典譴責他們，但其人數不增反減，讓今日大眾浪費大量心力。真正的修行人讓這些偽君子害怕憤怒，因此偽君子便盡其所能傷害他們。但此鄙行僅彰顯高貴者之本性，增其美譽而已。

自尊者定居阿魯那佳拉，虛偽修行人收入大減，供養皆湧至尊者足下。尊者無所執著，其教誨吸引了廣大信眾前來，這讓虛偽的修行人難以消受。加塔史瓦米是其一。他從事一些苦行，有些學識。尊者從前經常造訪他，閱讀其藏書。加塔史瓦米獨身，飲食節制，但他有一大弱點：嫉妒。他習於將大大小小的石塊推向欲定居山上的真修行人，讓真修行人誤以為地震將至，匆忙離開。加塔史瓦米對尊者重施故計，尊者往上爬，逮住年長的加塔史瓦米。

加塔史瓦米毫無悔意，認為不過是開個玩笑。

巴拉南達史瓦米是加塔史瓦米的朋友，是個奇怪的婆羅門。通曉英、法、馬拉地、北印、梵、馬拉亞里語，曾研讀《普拉斯塔納頌》，五官深邃，皮膚光滑，幽默風趣，初次見面者無不有好感。正如旭日驅散黑暗，尊者的來臨搶走了巴拉南達史瓦米的光彩。但巴拉南達史瓦米絕不輕言放棄，用各種手段企圖超越尊者。他告訴來訪者，尊者實為其弟子，請他們帶食物給這位「弟子」。尤有甚者，他會當著訪客的面，將許多食物放在尊者面前，命令尊者趕緊吃下。

尊者單純正直，卻也看出巴拉南達史瓦米的虛偽。或許是他不與邪惡對抗，因此從未揭穿他。巴拉南達史瓦米大言不慚地告訴尊者：「我要宣稱你是我的弟子來賺點錢。你也沒什麼損失，就乖乖閉嘴吧！」一九〇八年後，不分學者文盲、貧富老少，許多人成了尊者信眾。他們對巴拉南達史瓦米表達不滿，起初間接反應，後來更為直接。巴拉南達史瓦米無所不用其極地裝作是尊者上師，卻不明白這種行為其實是在傷害他自己。故事的高潮，是一晚他在離開維魯巴沙洞屋前，於陽台撒尿。巴拉尼史瓦米猜想，這必是巴拉南達史瓦米所為，於是清洗了地面。他趁大悟者等人前往遠處聖泉沐浴時，將巴拉南達史瓦米的衣物打包，丟掉一大袋，其中一些衣服還頗為貴重，接著把洞穴上鎖。巴拉尼史瓦米覺得，要是他不有所表示，大悟者也會不齒巴拉南達史瓦米的所作所為。

巴拉南達史瓦米回來，看到自己的衣服被丟棄，勃然大怒，大罵：「一定是巴拉尼幹的好事！」他一看巴拉尼回來，便對巴拉尼拳打腳踢，一邊告訴大悟者：「巴拉尼妄自尊大，看看他怎麼對待我的衣物，馬上把他攆出去。」大悟者不予回應，巴拉尼在一旁不動聲色。憤怒的巴拉南達史瓦米朝尊者臉部啐了一口，尊者仍緘默。在場的尊者門徒不知為何也緘默。住在另一洞穴的門徒慕塔亞得知此事，勃然大怒，準備以棍棒教訓四十歲的巴拉南達史瓦米，大悟者制止了他。巴拉南達史瓦米見大勢已去，決定離開，但仍嘴硬道：「這座山不值得作為我的苦行之處。」於是來到火車站，坐進頭等車廂，但他依然如故。車廂內有對年輕夫婦，巴拉南達史瓦米對男子頤指氣使，不過男子充耳不聞。盛怒之下，巴拉南達史瓦米大罵：「你不尊重我，全因貪戀這蕩婦。」男子聽了這番話，拿起腳底的拖鞋，往巴拉南達史瓦米一陣打。巴拉南達史瓦米暫且消失在阿魯那佳拉。

兩三年後，一日大悟者坐在芒果樹洞，巴拉南達史瓦米突然出現在洞前，呼叫大悟者。大悟者心想，巴拉南達史瓦米應已痛改前非，於是出洞查看。當時四下無人，巴拉南達史瓦米問：「你可聽說在火車站發生的事？」大悟者稱是，巴拉南達史瓦米說：「或許我當時需經歷這樣的事。抱歉我曾對你吐口水，我當時憤怒失去理智。你現在也可對我吐口水，多少次都沒關係。」說著便走近大悟者。只是大悟者毫無報復之意，什麼也沒做。

但隔日巴拉南達史瓦米便本性畢露，對所有的人頤指氣使。自然沒有人搭理。幾天後他至芒果樹洞，告訴大悟者：「我可教你如何達到無分別三摩地。」說著，便強迫尊者至洞穴對面，轉頭對瓦蘇德瓦．夏斯特里等大悟者的門徒說：「長輩在忙，你們走開！」轉回頭對大悟者說：「凝視我的雙眼，深呼吸。」叮嚀大悟者放鬆。就這麼折騰了一個半小時，最後他自己睡著了。大悟者及門徒悄悄回到維魯巴沙洞屋。

巴拉南達史瓦米荒謬之舉另一樁。他令大悟者的門徒蘭加史瓦米．艾言格為他拿一支樹枝作牙刷。蘭加史瓦米．艾言格拿來一根粗枝，說：「這應該很適合長輩您吧？」巴拉南達史瓦米又令另一位門徒找火來點燃他的雪茄。後者拿了個大盆子，裡頭是燒熱的煤。他把盆子拿近巴拉南達史瓦米的臉，問道：「您想點什麼呢？」

巴拉南達史瓦米漸漸明白大悟者的門徒不再把他當一回事，覺得最好在被驅逐前自行離開。臨行前，他告訴大悟者：「此山本不宜我輩，你的門徒又百般侮辱。我賜予你諸多法力，讓你得到眾人敬重。我當取走你全數法力，再也不會有人尊敬你。」於是他來到鎮上。

他向甜點店老闆炫耀他剛做的事。老闆對大悟者敬佩有加，一聽，便作勢要教訓他。於是巴拉南達史瓦米再一次離開阿魯那佳拉。之後他又來找大悟者，說他對肉體毫無執著，赤身裸體，對大悟者侍從舉止不敬。眾人皆怒，惟獨大悟者無動於衷。之後巴拉南達史瓦米便斷了音訊，再也沒有回到阿魯那佳拉。

另一位修行者也試圖讓人以為他是大悟者上師。此「大師父」略懂哲學，持咒，通曉音樂。他十分不滿大悟者不持咒，卻「賺進」大把銀子。他會至郵局領取所有寫給「梵天尊者」（大悟者另一稱號）的信函，理由是他也是住在山上的婆羅門！一回他從卡拉哈斯地朝聖回來，告訴大悟者：「我是為了你才回來的。我會以達他崔亞梵咒啟蒙你。」對此不請自來的邀請，大悟者並未滿心歡喜，而是一如往常，無動於衷。但大師父不肯放棄，說道：「上主在夢中命我啟蒙你。」大悟者答：「若他在我夢中令我接受您的開示，我常如此。」「不不不，這梵咒很短，起來，我們開始吧！」大師父說。大悟者答：「我不想持咒，此開示又有何用？」

這位大師父十分憤怒，此後只要有他的訪客表示想見大悟者，他會百般阻撓，說大悟者既不偉大，又無學識，無法給予任何開示。大悟者聽聞此事，但仍保持緘默。一日，這位大師父於神廟附近的香蕉園靜坐，他看見大悟者對他說：「別被騙了。」便消失了。大師父全身發抖，明白拉瑪那有法力，非泛泛之輩，決定此後不再起爭端。他跑去找大悟者，告訴他事情經過，懇求他再也不要讓他見到這般景象。大悟者平靜地回答：「我並無這般法力，對你也毫無恨意。」這位大師父才鬆了一口氣。

一九一六年左右，有一群修行人計畫綁架大悟者。他們喝醉酒來到維魯巴沙洞屋，說：「我們來自玻迪蓋，聖人阿加斯特亞仍在那裡苦行。他命我們先帶你至舒里蘭根，眾成就者正在此集會，接著帶你去見他。他說你肉身內仍有些元素殘留，因此無法達到完全成就。他可為你去除，也會以適當方式啟蒙你。」

情況危及，但大悟者不發一語。沛魯馬史瓦米在場，意志堅定，反應敏捷。他告訴來客：「上主早已告知我們諸位將造訪。祂令我們將諸位放在盤中煎炒，諸位覺得如何？」接著轉向另一位門徒馬斯坦，請他前去準備。這些來訪的修行者，聽了便落荒而逃。

飽讀詩書之士中，也不乏此類人物。道場創立之初，一些馬德拉斯的富有紳士認為道場缺乏妥善管理。他們從馬德拉斯雇用一輛巴士來到道場，希望撤換管理階層，若不成，則要將大悟者帶至馬德拉斯。他們進到大廳，薄伽梵正襟危坐，不發一語。來訪者手腳冰冷，說不出話來，於是只好搭巴士離開。大悟者之後聽說其來訪目的，說道：「我不知他們所為何來。是要改善道場？還是他們自己？」

身在紅塵俗世，即便了悟真知者，也可能遭逢重重困難。我們無法逃脫今世業報——這是以上故事給我們的教訓。

25 瑟夏迪・史瓦米

若把大悟者比喻為阿魯那佳拉居民之太陽，瑟夏迪即為月亮。兩人皆獨樹一格。瑟夏迪於一八七〇年生於萬達瓦西、塔魯克之瓦祖，為八千婆羅門。父親早逝，由舅舅撫養長大。舅舅卡馬寇提・薩斯崔阿是音樂家、神話學家、學者。瑟夏迪記憶力驚人，精通歌唱、神話。小小年紀便通曉梵文經典，創作梵文詩歌。

坎其樸朗的女神卡瑪克希是瑟夏迪最敬愛的神祇。他日夜繞其神壇，口誦〈五百句無言經〉禮讚祂。十五歲那年，以至上大力梵咒啟蒙，於沛里安達瓦祠附近河邊之墓地，獨自從事靈性修持至深夜。至上大力女神夏克緹曾對他顯靈。

之後，瑟夏迪參訪數地以求梵咒真知，最後於一八九〇年來到阿魯那佳拉，一直到往生為止。有神通，如讀心術、通靈、言靈。

瑟夏迪不喜歡與人接觸，總是裝瘋賣傻，朝眾人丟擲石塊，以遠離人群。不過他一見到拉瑪那，即知其為常駐真我的了悟者。他非常喜愛拉瑪那。

瑟夏迪拒絕眾人邀約，有時卻會親自到拉瑪那於帕瓦拉崑德魯之居所，與拉瑪那信眾同坐用餐。瑟夏迪用餐時，米飯散落各處，引起信眾不悅。瑟夏迪便會小心不讓飯粒掉至地上。他也經常不請自來地造訪耶夏摩。瑟夏迪也喜愛大悟者的門徒，常勸告他們要臣服於大悟者。

一回，芒果園主范卡塔拉馬．艾耶站在瑟夏迪前，心中卻想見大悟者。瑟夏迪讀了他的心思，說：「見大悟者可淨化心靈。」鼓勵他前往。大悟者另一位信徒索馬孫德倫．史瓦米為了某些原因，離開道場尋找另一位上師，前來請益瑟夏迪。瑟夏迪．史瓦米知道索馬孫德倫．史瓦米想問什麼，說：「回到拉瑪那那裡吧。」但索馬孫德倫史瓦米有所遲疑。瑟夏迪大吼：「快去，去找拉瑪那尊者。」索馬孫德倫．史瓦米立即返回道場，當時已是午夜。

瑟夏迪總是說，我們只應遵循一個法門、一位上師。因此，若來訪者對拉瑪那有虔誠心，他會鼓勵他們追隨拉瑪那。蘇布拉曼亞．艾耶對大悟者十分虔誠，一回瑟夏迪問他：「這裡有三個神的化身，你知道是哪三個嗎？」

艾耶：「此山是唯一一個，是歡喜化身。」

瑟夏迪：「不是這樣，你知道有三個化身。」

艾耶：「我不知道，另外兩個是什麼？」

瑟夏迪：「你知道的。」

艾耶：「抱歉，我不清楚。」

瑟夏迪：「大家都說是拉瑪那尊者。」

艾耶：「哦，那第三個呢？」

瑟夏迪：「你也知道。」

艾耶：「尊者，我不知道。」

瑟夏迪：「第三個化身又被稱為『瑟夏迪』。」

艾耶：「就是你？」

瑟夏迪：「你知道啊，對吧？」

艾耶：「我不曉得。」

瑟夏迪：「正是在下。」

瑟夏迪曾說他與拉瑪那並無分別。

拉西米·阿卯至阿魯那佳拉侍奉大悟者，和耶夏摩同住。一日在往大悟者道場的路上，偶遇瑟夏迪·史瓦米，心中感嘆自己無法侍奉他。瑟夏迪讀其心思，安慰她：「在瑟夏迪這裡服務，不就是在拉瑪那那裡服務嗎？」

祁丹巴蘭有位論師（精通梵文論典的人）靠吸食鴉片幫助禪定。但大悟者勸他不要這麼做。一回鴉片不純，夏斯特里充滿各種妄念，不知如何是好。他跑到坎巴度·依拉亞納祠，等著見瑟夏迪。一見到瑟夏迪，他馬上行大拜禮。話還沒出口，瑟夏迪便斥責：「早就告誡你勿碰毒品，你卻不聽。」此言並非出自瑟夏迪，而是來自大悟者。這位論師明白，瑟夏迪出此言，證明他與大悟者並無分別。

生意人蒂魯瓦魯・蘇布拉曼亞・慕達遼，貪婪無厭，陷入法律糾紛。瑟夏迪曾因此對他嚴辭譴責。一九一〇年，瑟夏迪來到芒果樹洞，慕達遼及大悟者均在場，他對慕達遼說：「這位年輕人月入一萬，我一千，你至少也賺一百吧？」慕達遼明白所謂的收入是為靈性財富，而「年輕人」指的是大悟者。答曰：「尊者，我忙著做生意，哪來的時間？」瑟夏迪堅定地告訴他好幾次，幻相很容易，但無用。一回瑟夏迪突然對他說：「你會因殺了至上真理，被定為罪人。」慕達遼心頭一震。他跑去找他十分尊敬的大悟者，告以瑟夏迪之言。大悟者安慰他：「沒錯。你不欲探究你自己即至上真理，等同抹煞了至上真理。其言無誤。」

關於瑟夏迪是崇拜有特質、抑或無特質之神，在〈繞行聖山〉一章會討論。他似乎崇敬有特質之上主，但也得證無分別三摩地，因此他應也崇敬無形無相的上主。

一日，瑟夏迪站著看著一隻在婆羅門大宅的水牛。V・C・納拉揚・艾耶走來，問他看見什麼。答曰：「這個。」艾耶又問，「這個」指的是水牛嗎？瑟夏迪轉頭看他，問他看到什麼。艾耶答曰：「是隻水牛。」瑟夏迪說：「這真的是水牛嗎？沒出息的傢伙，你該說他是至上真理。」說完就走了。瑟夏迪對納塔南達之開示也是同理。

瑟夏迪・史瓦米於一九二九年一月十四日圓寂。

26 達羅毗荼詩人

話語、歌曲、文字，一個比一個更具穩定性。話語及歌曲有賴記憶傳承，但今日有此能力的人越來越少。文字若不付印，亦有被抄襲的可能。尤有甚者，穿鑿附會，斷章取義。書籍眾多，又何必閱讀未出版之作品？

自古以來，文學上發展出歌曲、詩歌、散文等層級架構。但薄伽梵選擇眾生皆可了解的「沉默」，因此其文學創作並未依循以上順序。因甘布倫・謝夏雅之故，頭兩部著作為散文，〈探究真我〉及《明辨經》。

薄伽梵認為，不言之教是最好的教導方式。但他仍為那些無法理解不言之教的信眾而寫，因此其作品反映出求其開示者之能力與成熟度，而非薄伽梵的本質。問道者中，其門徒最為優秀，如艾亞史瓦米、巴拉尼史瓦米、沛魯馬史瓦米。若說薄伽梵是為這幾位門徒而寫，也不為過。

艾亞史瓦米來自喀拉拉，自一九一八年起侍奉尊者。咸公認其虔誠及服務心無人能出其右。一九一〇年，商羯羅所建之斯林傑里僧院舉辦盛大活動，現場展售許多上師之書籍。艾亞史瓦米購入幾部商羯羅之著作，請大悟者譯為馬拉亞里語。大悟者翻譯了《商羯羅傳》數個部分。在巴拉尼史瓦米的祈請之下，大悟者將《上師讚》及《哈斯塔馬拉卡經》譯為坦米爾語。

商羯羅附身阿馬路卡王後，忘記離開。《上師讚》記載了其門徒帕德馬帕德等人所覆述的商羯羅教誨。《哈斯塔馬拉卡經》則是哈斯塔馬拉卡對商羯羅為何人的答覆。

大悟者寫下這些詩時，並不熟悉坦米爾語之聲韻，但因長期聆聽歌曲，通曉其節奏。大悟者以歌曲韻律寫作詩歌，恰符合聲韻。

下一部作品為《永結真我的婚禮花圈》（*Aksharamanamalai*），是薄伽梵作品中最傑出的。題名本意為「婚禮花圈」，*Akshara*意為永恆不朽，亦指字母。歌詞句子的頭一個字母，依照坦米爾語的字母順序。

沛魯馬史瓦米早年侍奉尊者時，會由慈善機構取來食物。一段時日後，慈善機構的長官要求他以勞力交換食物。沛魯馬史瓦米不願意，於是開始乞討。雖有信眾為大悟者及其門徒帶來食物，有時仍有短缺，一些信眾得進城乞討。沛魯馬史瓦米等人會先唱起耳熟能詳的曲子。因是大悟者的門徒，他們得到許多供養。其他人起而效尤，穿起橘袍。為表區隔，巴拉尼史瓦米等人希望在外出乞討時，能有專屬特別歌曲。

外出乞討者通常唱一首副歌為「安巴神所侍奉的永恆濕婆、安巴神所侍奉的永恆濕婆、安巴神所侍奉的永恆濕婆，偷走果報的小偷、偷走果報的小偷」之曲。大悟者先寫了幾句類似樂句，副歌為「阿魯那佳拉」，便中止創作。沛魯馬史瓦米一直在等接下來之樂句。一日，大悟者單獨繞行聖山，又寫了幾句。

曲名暗示其寓意：新娘是「小我」（大悟者自己），新郎為上主阿魯那佳拉。大悟者寄新娘朝思暮想新郎之情境，來創作此曲。

思慕情人之語通常令人同情，與虔誠結合，效果卓著。新娘五感雜陳，或自怨自艾、或膽怯害羞，有時成熟、有時被拒絕時內心受傷。完美結合虔誠與浪漫，優雅雋永。本詩充滿智慧開示，甜美如加了糖的牛奶。原本的坦米爾版本中，許多字有多層次涵義，幾乎不可能譯成其他語言。於道場聆聽、歌唱此曲，會感受到殊勝喜悅。寓意甜美，文字細膩平衡，自然會有此效果。較佳亞德瓦之《戈維達之歌》更為精細、優美，撫慰信眾之心。

濕婆教阿含經典《德維卡洛塔拉經》有一章〈永恆真知探究〉詳述各種祭祀規範。來自唐家梧的庫普史瓦米．拉袞發現《阿含經》中有支持不二一元論之經句，但濕婆教哲學家卻對此說強烈批判。於是請友人加格那羅摩・迪克希找尋其他肯定不二一元論之經句。此章即是其中。迪克希參謁大悟者時論及此事。薄伽梵告訴迪克希，之前有位來自維里達恰蘭的羅摩靈甘帶來幾部《阿含經》手稿，其中便有此章。

加格那羅摩・迪克希隨即抄錄其中部分，大悟者也取一章抄錄，事後置於他處。大悟者寫作《永結真我的婚禮花圈》時，尚不甚了解坦米爾聲韻。學習聲韻後，想起《德維卡洛塔拉經》，便以「維巴」聲韻試作幾段。大悟者憑記憶翻譯此章，是以坦米爾譯本非逐字翻譯，而是意譯。

一九一六年以前，即大悟者住在維魯巴沙洞屋時期，大悟者收集了九篇自己關於阿魯那佳拉之創作，合稱為《九寶項鍊》。

第一篇寓意殊勝。在祁丹巴蘭的沙巴，濕婆在至上大力夏克提面前翩翩起舞；在阿魯那佳拉，夏克提則是在濕婆之中，後者無法動彈。第二篇說阿魯那佳拉為存在、意識、幸福之化身。

一日，大悟者坐在維魯巴沙洞屋，心中不斷浮現「拜您的恩典」這句話。便決定以此為開頭創作詩篇。完成後，此篇終句開始縈繞心頭，便以之為開頭，再作一詩篇。如是創作出十一詩篇。此為《聖阿魯那佳拉十一詩篇》之由來。

此作虔誠滿溢，展現虔誠者對上主恩典之渴望。內容如下：

一

拜祢的恩典，我已完全屬於祢。為塵世黑暗所擾，我哭喊著祢。祢若不顯靈，我不知何以自處，迷失於塵世。哦！我的愛，祢化身為阿魯那佳拉。若不見陽光，蓮花豈能綻放？祢是眾太陽之陽光，祢的恩典洋溢，源源不絕有如山川！

二

阿魯那佳拉，祢是恩典的化身！過去的我鐵石心腸，祢仍召喚我；而今祢怎忍心讓我迷惘？怎捨得讓我心中無愛，鎮日思慕祢，心如融臘？哦！祢是虔誠者心中之甘露！我的避風港！祢的快樂就是我的幸福，我的生命之主！

三

我雖完全沒有想到祢，祢仍決定置我於死地而後生，用祢的恩典讓我靠近祢。脆弱如我，是如何冒犯了祢，讓祢沒有完成這項工作？祢為何如此折磨我，讓我生不如死？哦！阿魯那佳拉！實現祢的願望，只有祢才是永恆不朽！哦！上主！

四

在心識印記中浮沉的眾生中，祢選擇拯救無助的我，讓我不再迷失，定於祢足下。這對祢有什麼好處？祢的恩典宛若大海，想到祢變讓我自慚形穢。我向祢叩首祝福祢！願祢永垂不朽！

五

主啊！祢悄悄綁架了我，這些日子都讓我在祢足下！主啊！祢讓我低頭懺悔，對祢的本質一無所知。主啊！我如陷阱中掙扎的鹿，請解救我。上主阿魯那佳拉！祢想要的是什麼？這豈是我一介凡夫所能知曉的？

六

我生命之主啊！我會永遠守在祢足下，有如緊抓蓮藕的青蛙。請將我變成蜜蜂，由祢的心花吸取純粹意識的甜美花蜜，如此我方能得到救贖。我若在緊抓祢蓮花足時迷失，對祢必是莫大侮辱。哦！那道稱為阿魯那佳拉的燦爛之光！祢的恩典如此無遠弗屆，比以太更為精細！

七

哦！純粹的上主！若五大元素、眾生、一切顯現皆是祢無所不在的光輝，我又怎能獨自與祢分開？祢自心中散發光輝，澤被萬物，我又怎能自外其中？當我的自我竄出時，請用祢的蓮花足將它踩下吧！

八

我在塵世時，祢不讓我知曉逐步解脫之真知，讓我立刻解脫，讓我心中平靜。這實為恩典，因位置之死地而後生方為真正的榮耀。我為祢瘋狂憔悴，請讓我緊抓祢的腳，這才是至高無上的解藥！

九

哦！超越一切的上主！我最是愚昧，不知緊握祢足，擺脫一切束縛。祢令我將一切苦惱轉之於祢，我不再有自由意志。因為對宇宙之主而言，何有負擔？至上之主啊！我受夠了頭上這些塵世負擔的果實，與殊勝的阿魯那佳拉分開！別再讓我遠離祢足下了！

十

我發現了！這座山，吸引眾生之磁石，讓經常想著它的人動彈不得，引他與之面對面，讓他與它一樣如如不動，吸取他的靈魂，變得成熟。多奇妙啊！靈魂啊！小心它，保住小命！偉大的阿魯那佳拉是眾生的毀滅者，尤其心中散發光芒！

十一

同我一樣，視此山為至上者，有多少被摧毀了。厭倦充滿苦難之人生、尋求由肉身解脫之人啊！這世上有一稀有藥方，不會取你小命，只要一直想著它便會終結此生。此藥方別無其他，正是阿魯那佳拉！

——史瓦米那坦譯

薄伽梵於一九一六年於史堪德道場將《南面神濕婆贊》及《上師讚》譯為簡易坦米爾語。當時已有一長篇繁複之譯文，但薄伽梵想譯為為眾人易懂的文字。（在〈奇蹟〉一章，大悟者曾數次以南面神濕婆法相對幾位信徒顯靈。）

下一部作品是《阿魯那佳拉頌詩八首》。一日大悟者正要開始繞行聖山，巴拉尼史瓦米遞給隨侍薄伽梵的艾亞史瓦米紙筆，請他記下大悟者之創作。大悟者當日作詩篇六首。不知是當日抑或是次日，信徒那拉揚．勒迪參謁薄伽梵，表示可將詩篇付印。大悟者又加上兩首，成為八首，交給那拉揚．勒迪。

在《八首》中，大悟者闡述其哲學、他了悟此哲學的詳細經過。我們可由此詩得知大悟者此時期的想法。大悟者細數離家原因、此後所見所聞、領悟的道理。此詩扼要總結了其開示及教誨的本質。八首詩篇如下：

一

瞧！這座看似無生命的山！其行動神祕莫測，凡人無法理解。懵懂年少，阿魯那佳拉無與倫比的壯麗便照亮我心。但即便旁人告知我此山即是蒂魯瓦納瑪萊，我仍不解其深義。我心為其吸引時，便覺祥和寧靜。走近，我見其如如不動。

二

我往內心探問：「此求道者為何人？」只見求道者消失，只剩祂。無有「我見」之念，又何來「我不見」之念？若即便是祢（化身為南面神濕婆），在古代亦無法以緘默傳達此理，言語又怎能做到？祢巍然矗立，只為以沉默傳達祢超越一切之境地，自天堂照亮人間。

三

當我想著祢的化現時，祢就是矗立的山。若求道者能見祢無形無相之化現，就有如旅行世界各地，只見無所不在之以太。若不願想著祢無遠弗居的本質，就得像掉入海（甘露）中的糖娃娃一樣，完全失去我之分別。哦！化身為阿魯那佳拉、巍然矗立的上主！當我了悟我是誰，此「我之認同」除了祢之外又是什麼？

四

尋找上主時，若不知祢就是宇宙本體及宇宙意識，無異提著燈尋找黑暗。祢在各宗教中以不同法相及名字現身，只為讓世人知道祢就是宇宙本體及宇宙意識。若有人不欲了悟祢，真是眼盲不識太陽。哦！偉大的阿魯那佳拉！祢是無可比擬的珍寶，常駐閃耀於真我，獨一無二！

五

祢是穿起珠寶的線，串起不同的生物、無生物、宗教。正如切割、研磨寶石，若純潔之心能琢磨不潔之心，去其缺陷，祢的恩典就能穿透後者，閃耀如美麗的紅寶石，外在事物無法奪其火焰般的光采。敏感的底片曝露在陽光下，之後還能成像於其上嗎？啊！至善燦爛的阿魯那佳拉山！除了祢之後，這世間別無他物！

六

祢就是那獨一無二的存在，自明本心！神祕的至上大力在祢之中，若沒有祢它也無能為力。至上大力生出心靈這個幽靈，其尚未表發的業力是黑暗迷霧，由祢的意識之光照亮，成為今世業報漩渦中的各種念頭。念頭成為心理世界，投射到物質世界中成了感官可覺知的事物，移動變化有如電影。哦！充滿恩典的聖山！無論是可見或不可見的事物，沒有了祢，它們什麼也不是！

七

無「我之思維」，便無其他念頭產生。它們產生時，問曰「這屬於誰？」，答曰「我的」。

若能仔細探究「我的源頭為何？」，內觀直至心智於本心之所在，便成宇宙主宰。哦！阿魯那佳拉！祢的恩典有如大海，光輝燦爛，如如不動地在本心內舞蹈。二元夢境不再，無內外、對錯、生死、苦樂、光暗。

八

海水升而為雲，落而為雨，入百川大海，歸其源頭，勢不可擋。同理，靈魂自祢而生，縱途經多處漩渦，必將回歸於祢。鳥由地面昇起，翱翔天空，於空中不得休息之所，必得回至地面。萬物皆需重返其根源，尋得源頭之靈魂，會與祢合而為一。哦！阿魯那佳拉！祢是喜悅之洋！

——史瓦米那坦譯

坦米爾學者盛讚拉瑪那尊者的詩歌風格傑出。文字直白，卻富韻律之美。一字多義，暗藏高深義理。讀者無論程度，皆能由詩中得到適當開示。薄伽梵之著作已有精闢注解。薄伽梵之虔誠頌歌富韻律之美，情感豐沛，言簡意賅。

薄伽梵可被視為由神聖之母哺育的詩人迦納．桑邦達轉世。

27 拉瑪那之歌

一九一七年七月，加納帕提．慕尼等與薄伽梵同坐。加納帕提．慕尼告訴薄伽梵，在曼達薩村時，拉瑪那達．布拉瑪恰理向他出示大悟者所寫之一則偈子。其義如下：

「本心之內，唯有化為阿特曼之梵閃耀著。此即是『我』。欲入本心，常駐阿特曼，則需探究本心，或深入內觀，或控制呼吸。」★

以下為此偈子之由來。一九一五年雨季，大悟者住在史堪德道場。一日，加嘎德薩．夏斯特里手握一紙坐著，大悟者詢問其所以然。答曰：「我正在寫一偈子。寫了開頭，就遇上瓶頸。」薄伽梵拿起紙，上頭寫著「本心之內」，於是接著完成了偈子。

大悟者當時不甚通曉梵文，但由於常與加納帕提．慕尼等梵文學者為伍，言談間及靜默時，聽到幾個梵文字，學會了「阿里亞」等幾個梵文聲韻。薄伽梵在此偈子中闡述其哲學，震撼全印度。他原本皆以坦米爾語寫作，而坦米爾納度邦之光成為印度之光之時機已成，需透過梵文方能辦到。當時也沒有寫給一般大眾、簡單、清晰易懂、亦能釐清靈性鍛鍊時之疑

★《拉瑪那之歌》之英譯皆出自維斯瓦納沙及史瓦米那坦。（《拉瑪那之歌》第五版）

問的梵文著作。在場門徒皆作此想，便懇求大悟者釋疑，由加納帕提．慕尼寫成梵文詩歌。兩人都同意了。

一九一三年十二月，加納帕提．慕尼與薄伽梵一起住在維魯巴沙洞屋。期間後者為加納帕提釋疑，他將對話記下，成為第一章。第二章則是圍繞上述偈子開展的。

全書僅有此偈子為薄伽梵所寫，其餘彙集了一九〇七年七月至一九一七年八月廿五日間，薄伽梵與門徒的對談，題為《拉瑪那之歌》。

此經為〈本心之內〉偈子之註解，我們可由第五、六、十六章之標題分別為〈本心真知〉、〈控制心靈〉、〈虔誠〉三篇見其端倪。《拉瑪那之歌》為《薄伽梵歌》之瑜伽註解，為尋道者釋疑。此經中，提問者僅用所屬宗族標示。以下為部分細節：

戴瓦拉塔：嘎加納那，住在戈卡那，編《唯巴克八首》讚美薄伽梵。通曉吠陀經，非常虔誠。

巴拉朵加，又稱卡西：克里盧那．艾耶之子，瓦達那塔．艾耶之監護人。

瑜伽那達．亞亭達：出家前，俗名為香卡拉納拉揚那。

卡帕里．夏斯特里：註解《真理詩頌四十則》（英文及泰盧固文版）、《阿魯那佳拉五頌詩》、加納帕提．慕尼之《烏瑪薩哈斯里》。為其上師加納帕提．慕尼作傳《神聖瓦西斯塔》。曾任老師。先拜於加納帕提．慕尼門下，其後在拉瑪那尊者之下，再其後於奧羅賓多尊者座下。傑出的梵語詩人。

薇薩拉克希：加納帕提．慕尼之妻。

巴拉朵加．瓦達巴：住在翁戈勒，俗名齊烏庫拉．維克塔．夏斯特里，出家法名烏帕尼沙巴拉門達．薩拉斯瓦提。

阿米塔那達．亞亭達：喀拉拉人。

藉由《拉瑪那之歌》，加納帕提．慕尼將薄伽梵拉瑪那之人格呈現在世人面前，以下為其中段落：

一

（我禮敬）大悟者拉瑪那，戰神卡提克亞之化身。（1．1）

二

哦！梵天！借天眼之助，我一再看見祢是蘇布拉曼亞，最好的梵天化身。（11．7）

三

上主啊，祢不在史瓦米馬萊，也不在蒂魯塔尼山，更不在維卡塔恰拉山頂。祢事實上在阿魯那佳拉。（11・8）

四

哦！上主！祢在古代，將生命底蘊的真知傳授弟子大悟者納拉達。（11・9）

五

精通吠陀經者，說祢是布拉馬希・撒那庫馬拉。（11・10）

六

差別僅在稱謂，不在其人。撒那庫馬拉與斯康達（史堪德？）皆與祢同義。（11・11）

七

祢曾降生為最佳婆羅門庫馬利拉，而今祢重建了吠陀經中所闡述的法性。（11・12）

八

哦！薄伽梵！當耆那教徒讓法性迷惘時，祢降生為達羅毗荼德薩之迦納・桑邦達，建立了虔誠法門。（11・13）

九

哦！光輝之人！而今祢又降生於世，保衛梵天真知，使其不為自滿於字面學習之人所扼殺。（11・14）

拉瑪那尊者為阿迪卡拉眾神中的戰神卡提克亞。卡提克亞亦化身為撒那庫馬拉及庫馬利拉・巴塔。有需要時，他便會降生於世。而今他前來拯救梵天真知，使其免於字面解讀之威脅。在〈上主轉世的本質〉一章中，會對此假說作更進一步解釋：

「《拉瑪那之歌》這條純淨的恆河，發源於拉瑪那尊者這作偉大的山，流經慕尼之詩文，流經之處洗淨所有不潔，最終來到信徒心海。」

在普拉納瓦南達師父的請求下，慕尼做結尾祈禱詩〈上師歌〉。《拉瑪那之歌》對拉瑪那的描述優美豐富，但〈上師歌〉有如吠陀智者之言，寓意深遠，可作為全人類之指南。

一回，薄伽梵以阿里亞聲韻寫下一梵文偈子，開頭是「甘露之洋，恩典充滿」，便擱置一旁。《拉瑪那之歌》完成後，有人注意到此偈子。加納帕提．慕尼於是請薄伽梵以此偈子為首，寫下五首祈禱文；另外四首分別描述真我之本質、探究、行動、虔愛法門。此即為《阿魯那佳拉五頌詩》之由來。《曼加拉偈子》是由嘎加納那所寫。

28 山中生活

早期在山中，大悟者及其門徒受昆蟲、猴子等動物威脅。但大悟者告訴門徒，此山為動物領土，作為客人，有責任確保自己不會傷害他們。修行人都這麼說，他們的保護範圍延伸至所有生物。大悟者正是如此，甚至保護有毒昆蟲。他曾遭致命毒蠍螫傷三次，皆無大礙。

曾有蛇闖入史堪德道場，把薄伽梵的母親嚇壞了。但他冷靜走向蛇。蛇開始退卻直到沒入一縫隙中，大悟者一直盯著蛇。突然間，蛇轉身抬頭與薄伽梵對望。這場互相催眠的遊戲持續了一段時間，蛇發現大悟者無加害之意，放心靠近，幾乎來到跟前，最後離去。此蛇經常至道場參謁薄伽梵，即便訪客眾多也如此。有時也想爬到薄伽梵身上，但薄伽梵不允許。道場有兩隻孔雀，從不攻擊這隻蛇。令人詫異地是，蛇也會加入孔雀的舞蹈。

松鼠、烏鴉等鳥類，也自然地對大悟者表達好感，大悟者也會餵他們。有隻烏鴉會在出門前將寶寶交給薄伽梵照顧，小鳥急著要食物時，大悟者會不厭其煩地餵他們。

猴子儂弟

猴子與人似乎天生就互有好感。《羅摩衍那》中，猴子就幫了羅摩尊者大忙。薄伽梵能與猴子溝通，並發現了他們的社會與政治階級結構。有幾回猴子請大悟者為其排解紛爭。大悟者會耐心傾聽，讓爭執兩造和解。

一回，猴王咬了隻猴子寶寶，寶寶昏迷不醒。猴群以為他死了，便將其留在原處離去。不久小猴子醒來，來到薄伽梵的道場。由於跛著腳，道場人員為他起名「儂弟」（孱弱之意）。悉心照料下，儂弟恢復健康。儂弟原屬的猴群一日經過道場，讓他重新加入。通常猴群不會任何與人類有過接觸的猴子，所以此事非比尋常。儂弟常回道場，對大悟者也不拘小節。儂弟很容易出手回擊，極愛乾淨。一回他散落一些米到地上，受到大悟者責罵，隨即在大悟者近眼處摑了一掌。大悟者連幾日對儂弟非常冷漠，以示懲罰。但儂弟苦苦哀求，想盡辦法爬回大悟者之膝上。

儂弟之前也有一回行為不當。大悟者正在吹涼要給儂弟的熱牛奶，但他以為大悟者要把牛奶喝了，又摑了一掌。儂弟不久便知錯，又成了薄伽梵的好孩子。薄伽梵傷勢輕微，繼續照料儂弟，讓他快速復原。薄伽梵一回對他開玩笑：「哪天成了猴王，可別忘了我們。」在奇妙的巧合下，儂弟跳過猴群中三位資深成員，成為首領。他亟欲薄伽梵出席登基大典，於是和跟班一起來到道場。但遍尋不著薄伽梵，一怒之下，搗毀了道場所有的樹。

大悟者回到道場，發現一片狼藉，思忖儂弟等為何做出此事。次日儂弟來到道場，但並不像往常般爬到薄伽梵膝上，而是爬上樹搖著樹枝，此為猴王獨享之特權。大悟者猜想儂弟成了首領。之後儂弟爬下樹，坐到大悟者膝上。儂弟的前任國王上前對他致意，薄伽梵的猜測果然是正確的。用餐時，儂弟坐在薄伽梵身旁，但不願進食，走開了。大悟者十分驚訝，便跟上去。儂弟坐在他的子民之間，王后坐在附近（猴群中，前任國王之后在新首領下仍保有其地位）。很明顯，其子民沒有食物，儂弟也不會進食。於是道場人員為儂弟安排了一場「皇家餐會」。

不久之後，由於部屬的算計，儂弟失去王位，與子女脫離猴群。大悟者由史堪德道場遷居拉瑪那道場兩個月之後，儂弟找到他，接著每兩星期便會來拜訪。

一回，一隻老猴王病了，離開猴群，站在維魯巴沙洞屋外。大悟者得知，出洞察看，發現被這隻猴子驅逐的前兩位首領攀在附近樹枝上，為他傷心難過。大悟者將病猴帶回道場照料，但徒勞無功。老猴行將就木時，另兩隻猴子發出痛苦的悲鳴。大悟者按出家人儀式埋葬了老猴。

據說猴子是不知感恩的動物，但大悟者的經驗卻大不相同，下面即為一例：大悟者及門徒在大熱天繞行聖山。正午時分到達帕加阿曼神廟附近時，眾人又飢又渴。一群猴子見狀，爬上附近長著多汁果實的樹，搖晃樹枝，落下果實，便離開讓大悟者等人享用。猴群可能之前受過大悟者之恩惠，現在當以回報。

有隻老虎常到道場附近的瀑布，放聲低吼，宣告他的到來。大悟者明白此為友善之吼，但門徒卻十分驚恐，弄出各種噪音趕走老虎。

拉瑪那來到山中時，人類同伴僅有巴拉尼史瓦米。也有其他人獸加入其行列，但我們所知不多；他們侍奉薄伽梵，也得到適當回報。現在讓我們看看其事蹟。薄伽梵說這些動物也是求庇護於道場、燃燒業力的個體意識，不比人類低等。大悟者以「他」或「她」指稱動物，從不用「牠」。與大悟者同住之人類及動物，共同組成他的「家庭」。因此，大悟者也有「家庭責任」。正如一般家庭會特別照護年幼成員，大悟者的「家庭」也特別關照無法言語的成員。大悟者照顧這些「孩子」的食物、沐浴、睡床，生病時也悉心照料。動物生產、結婚、往生時，也會為其舉行儀式。

狗家族

卡瑪拉是龐大狗家族的元老。大悟者認識不同世代的成員，每隻都有名字。我們姑且稱之為一號、二號、三號等等。卡瑪拉的孩子包括妮拉、傑克、蘿絲。卡瑪拉往生前，薄伽梵請蘿絲去照顧她。卡瑪拉往生後薄伽梵安慰蘿絲。

秦納．卡魯邦

這隻深色皮膚的狗，被稱為「深色的」（卡魯邦）。吹毛求疵，個性孤僻，住在維魯巴沙洞屋附近的草叢裡。道場成員留意到他孤僻的個性，會將食物放在離他有些距離處。但一日卡魯邦出現在大悟者往史堪德道場的路上，躍起抱住大悟者的腳，不亦樂乎。從此他成了道場的成員。

卡魯邦聰穎，心胸寬厚，生性敏感。他與道場成員打成一片，甚至也與對狗兒敬而遠之者嬉戲。

一回卡魯邦走近一位正進行供奉的婆羅門，不明白這是被禁止的。婆羅門被打擾，拿起棍子打狗兒。之後卡魯邦再也不踏入道場一步。生性敏感的他，就此消失在對他不善之人眼前。

之前也有類似情況。一個下雨的晚上，巴拉尼史瓦米對卡魯邦十分粗魯，後者立即離開，躺在史堪德道場的一袋煤上。之後除非特別邀請，他再也沒有回到維魯巴沙洞屋。

巴拉尼史瓦米也曾責罵一隻小狗，結果跳入池中自殺身亡。當天稍早，薄伽梵告訴門徒這些前來與他同住的動物，是來燃燒其業力，需尊敬善待之。但有時其門徒並未遵守其教誨，粗心大意。

有幾回，薄伽梵令卡瑪拉及瑟谷潘兩隻狗帶領訪客至不同神廟及聖泉，他們乖乖照辦。

傑克一號

傑克一號這隻狗聰明乖巧。一回大悟者與門徒取捷徑繞行聖山，要傑克一號下山到鎮上。傑克遵命，下山時讓大悟者瞧見了。大悟者在繞行中改道，往山下走，碰上由鎮上回來的傑克。大悟者指示傑克回到道場。雖不欲離開薄伽梵，傑克仍聽命返回道場。他自有其溫柔質樸的一面。他每日作息如下：一大早至一位寺廟舞蹈人員家吃早餐，接著到一位師父家，陪師父到古海．那瑪斯瓦雅神廟。之後到維魯巴沙洞屋參謁薄伽梵，其後到附近休息。早上九點半到古海．那瑪斯瓦雅的神廟領取供品，再回到休息處。傍晚一樣來到寺廟舞蹈人員家進食。晚餐後至一處神廟陪伴當地師父。他儘量待在阿魯那佳拉史瓦瑞附近，有如一位瑜伽行者。

一九〇五至一九〇六年間，蒂魯瓦納瑪萊爆發瘟疫，大部分居民離開逃難。蒂魯瓦納瑪萊有如荒城，雲豹大白天在街頭遊走。薄伽梵及部分門徒這段時間則住在帕加阿曼神廟。傑克則是與古海．那瑪斯瓦雅的師父同住。不久他離開，再也沒有人見過他。

大悟者將動物視為修行人，在道場其他人用餐前，特別安排動物皆有食物吃。往生時，大悟者安排葬禮，有時立碑。

人類同伴

巴拉尼史瓦米

之前已提及巴拉尼史瓦米之虔誠。大悟者對此年長侍從慈愛有加。對巴拉尼而言，無薄伽梵，人生便無意義。一九一八年時，他年約六十，在薄伽梵住在維魯巴沙洞屋時，嚥下最後一口氣。

青菜老奶奶琦萊．帕緹

拉瑪那於一九〇〇年搬到山上，一位住在古海．那瑪斯瓦雅神廟角落的老奶奶，會摘青菜煮食。一日她給了乍到山中的尊者些青菜，尊者接受了。此後老奶奶定期侍奉尊者，尊者也常造訪她。不僅如此，尊者有時也幫老奶奶摘菜，清洗整理菜葉。老奶奶對年輕的尊者有如慈母，薄伽梵的信眾相信老奶奶轉世為拉瑪那道場的母牛拉西米。從以下事件，我們可知薄伽梵也如此認為：一位信徒問薄伽梵，人是否有可能轉生為動物。薄伽梵答曰：「當然，我們不是有拉西米嗎？」

艾亞史瓦米

馬拉亞里人艾亞史瓦米與烏當迪．那耶拿一樣，少有執著。其奉獻服務精神無人能出其右。他負責道場運作，整天事務繁忙，悄悄到鎮上化緣。這位虔心服務的道場成員與琦萊．帕緹於同一年英年早逝。

29 繞行聖山

眾人皆仿效偉人之行誼。

——《薄伽梵歌》

一九〇八年，瑟夏迪．史瓦米拜訪住在芒果樹洞之大悟者。他仔細觀察大悟者，欲讀其心思。他試了許久，讀不成，於是無奈舉起雙手，說不解大悟者之思緒。大悟者沉默不答。瑟夏迪又說：「我們只需膜拜阿魯那佳拉史瓦瑞便能解脫。」

大悟者說：「膜拜之人是誰？受膜拜者是誰？」

瑟夏迪大笑，曰：「不清楚，此正是問題所在。」薄伽梵於是詳述其不二一元論之經歷。瑟夏迪細聽後，曰：「無話可說，無法理解，一片空白。一如往常，膜拜於我便已足夠。」於是對山峰行大拜禮十五次，離開。瑟夏迪似乎將山峰視為全能的阿魯那佳拉史瓦瑞之象徵，偏愛對其膜拜。

大部分人持相同看法。聖山即是光柱阿魯那佳拉史瓦瑞之法相。誦「阿魯那佳拉」之名，或參謁聖山，能除一切執著。

每年的克里提凱節，阿魯那佳拉神廟會立起一光柱，重申聖山即是歡喜林伽。光柱立起之瞬間，山頂也亮起一盞燈，由樟腦、純奶油等物質燃燒，火焰直衝天際達數日之久，遠處即可見。燦爛的光輝正如其名：阿魯那佳拉。光柱象徵本心之光。斯塔拉神話描述阿魯那佳拉為世界中心，也是南方之卡西。

咸認繞行聖山等同參訪陸地上所有聖地，也象徵繞行宇宙上主。傳說中，維那亞卡僅靠繞行上主便擊敗庫瑪拉史瓦米，說明了繞行之力量，對信徒十分重要。大悟者繞行非為己身利益，而是作為信眾及門徒典範。

有條平整之路環繞聖山，沿途有神廟、水池、廟殿、墓碑多處，大樹為行人提供遮蔭，也有歇息處。

眾人皆有其繞行方式：或走，或駕車，或每走一步繞行自己三次、或對聖山行大拜禮。通常三小時可完成繞行。

自大悟者到達聖山至一九二六年間，每週至少繞行一次。若早上出發，傍晚前會回到道場；傍晚出發，破曉前會返回。有時繞行會花上兩三天。大悟者遵從經典指示緩慢步行，多數時間處於三摩地，身體機械式地移動。每走個一哩，也休息一下。到達廟殿時，信徒會爭著奉上食物或飲水，薄伽梵則悉數接受。

跟隨薄伽梵繞行者各有其方式；或靜默，或奏樂，或如虔誠樂團般狂喜歌唱。信眾多通曉音樂，虔誠更為其樂音增色，美妙的歌聲使聽者無不歡喜。

隨侍薄伽梵的嘎加納那一路跳舞，吟唱《薄伽梵歌》中的詩句。讓人以為伴隨薄伽梵的是舞神。有些信眾唱誦薄伽梵之名一〇八次，或唱著大悟者等人譜寫之讚歌。信眾感到上主就在他們之間，便無拘無束地表達自我。

繞行時，信眾浸潤於虔誠之洋中，神聖真知的涼風讓他們傾倒。大悟者深沉靜默，讓人不知他是否還能說話。但只要一開口，其話語有如清澈的智慧水晶。

幾回繞行期間，薄伽梵也寫就數首讚歌。他處於內在空靈中，無心思、無語、無觀看之人、無所見之物、無膜拜者、無膜拜之物，僅有真我。

30 納塔那南達．史瓦米

有人渴望真我真知，認為在家生活阻礙獲得真知，因此離家尋求上師之恩典。但或因命中註定，或因過去業力，尚未就緒，在家階段有其必要，於是得繼續在家生活。納德薩．穆達利爾即為一例。

納德薩．穆達利爾本為小學教師。成家不久，偶見維韋卡南達尊者之《真知瑜伽》之坦米爾譯本，起了出家之念。心想若無上師導引，真我真知難得，於是積極尋找上師。

有人向他提到大悟者，但警告他大悟者不給任何開示，因此不可能成為上師。但穆達利爾仍於一九一八年造訪史堪德道場，坐在大悟者面前數小時卻不敢提問，大悟者也不與他交談。穆達利爾認為不可能成為大悟者的門徒，失望返家。他仍努力尋找，想到了幾位知名出家人，卻不覺有任何感應。

他亟欲得到解脫。聽聞死於聖地卡西之人可得解脫，於是與友人同往。於斯里．佩魯布督結識一位單身信徒，這個人斥責穆達利爾怎可拋下嬌妻，他得妻子可是離開原生家庭與他同住。穆達利爾於是返家。

穆達利爾又兩次嘗試前往卡西，因不同理由而失敗。他於一九二〇年寫信於大悟者道：「我曾有幸觀謁您，但您尚未賜予我這不幸之人恩典。天鵝尊者羅摩克里虛那邀請眾人共享他所享受的喜悅。您已得到解脫，但我們仍在因果業力的大火中，公平嗎？我懇求您寫信告訴我是否可見您一面，我必馬上動身。」

一個月過去，沒有回音。穆達利爾再寄出一封掛號信，信上寫著：「我堅信您是我的庇護，若非此世，則是來世。我下定決心要您做我的上師，若非此生，則是來世。因我之故，您必得再次投胎。」

幾日後大悟者出現在穆達利爾夢中，說道：「觀想我又有何用？觀想踩著公牛南弟的上主吧。有了其恩典，我的幫助也會隨之而來。」穆達利爾於是依言靜坐。同時他接到薄伽梵道場人員，瓦蘇德瓦．夏斯特里之來信：「您的兩封信我們都收到了。薄伽梵從不回信。您可前來觀謁。」在問清楚夏斯特里及大悟者之間的關係後，穆達利爾來到阿魯那佳拉。首先觀謁阿魯那佳拉史瓦瑞，夜宿廟宇管理室。

一位婆羅門瞧見穆達利爾，得知其來訪目的後說：「你來了倒也無可厚非，但我要告訴你我的經驗。我渴求大悟者之恩典超過十六年，一無所獲。你的遭遇大概也不會好到哪去。他完全漠然，從不說話，不為訪客動容。去那裡只是浪費時間。」穆達利爾不悅，但婆羅門繼續說：「不過附近有位大成就者叫瑟夏迪．史瓦米，他也不許任何人接近，朝人丟擲石塊。不過你可以試試。若他友善回應，你就有希望。」穆達利爾同意了。

但要找到瑟夏迪．史瓦米的蹤影卻非易事。穆達利爾及教師友人蘇布拉曼亞．艾耶開始尋找。正午將至，穆達利爾內心的懷疑正如外在的烈日般灼人。艾耶請穆達利爾在某處等待，自行前往尋找瑟夏迪。一段時間後，他帶回瑟夏迪．史瓦米。看見尊者，穆達利爾感到這是重要的一刻。

瑟夏迪突然問穆達利爾：「你可以給我什麼？」穆達利爾隨即把幾片麵包果放在他手中。吃完後，瑟夏迪朝市場方向走開。穆達利爾與艾耶跟上去，瑟夏迪說：「買些芒果給我吧。」聞此，穆達利爾更加興奮，認為聖人是在給他侍奉的機會。瑟夏迪吃了點芒果，將剩餘的分給周圍群眾，要了些水。艾耶於是取水去。

瑟夏迪轉向穆達利爾說：「可憐啊！為何受此折磨？什麼是真知？在心中屏棄一切稍縱

即逝的事物，剩下的即是真知，即是上主。往山裡、洞穴四處尋找真知，真是瘋了。心中無懼，去吧。」瑟夏迪轉身離去，艾耶正拿回水來。這是一九二〇年五月二日。

穆達利爾及艾耶將此視為吉兆，當天下午便在酷陽下動身前往聖山。他們坐在大悟者面前超過五小時，但不發一語。晚餐時間將至，薄伽梵也準備離去。這時艾耶指著穆達利爾，對大悟者說：「就是他寫了那兩封信。」大悟者看了穆達利爾幾眼，什麼也沒說便離開。穆達利爾返家。

此後穆達利爾每月造訪道場。雖見到幾位訪客追著大悟者提問，但自己卻連一個問題也不敢提出。

一年過去。一回穆達利爾問薄伽梵：「眾人對薄伽梵之恩典說法不一。我想親自體驗。」薄伽梵答：「我總是在給你恩典，若你無法體悟，我又能如何？」穆達利爾詮釋其義，認為薄伽梵處於沉默三摩地中，即是對眾人之恩典，尋道者最好也能達到「靜默無語」之境界。但此時的穆達利爾尚未了悟無語之境界。有人指示心靈應集中於一個念頭，但這與聖者塔宇瑪努瓦所言相悖（即禪定時，心念應消失，無有念頭。），因此穆達利爾並不認同。

幾日後，穆達利爾夢見大悟者對他開示：「正如雙眼皆注視同一事物，你也只專注在一件事物上。勿將注意力轉移至其他內在或外在事物。」穆達利爾以為大悟者是指肉眼，曰：

「此不像是正確途徑。若您也這麼說，我該向誰尋求指引呢？」大悟者答：「我保證所言不虛。你的疑惑確有所本，但試行此法幾日，你便能體驗真我。」於是穆達利爾遵從指示一段時間。以下為穆達利爾談論其體驗：

我做了個夢，我父親及大悟者皆出現。大悟者指著我父親，問我此為何人。我遲疑地回答：「我父親。」但我心中明白，我說的並非此關係真正的本質。大悟者微笑稱是，曰：「從世俗角度確實如此，但從絕對真理的角度則非。是吧？我不也說過我並非此肉身？」

說著，大悟者將我拉近，手放在我頭上，之後用手指按在我心臟右側。有點疼，但我忍住，這是祂的恩典。

穆達利爾之後明白，大悟者要他拋棄肉身意識；碰觸其頭與心，則是手觸啟蒙。

一回他坐在大悟者面前，幾位學識淵博的學者正與大悟者以坦米爾語交談。穆達利爾通坦米爾語，但有聽沒有懂，因此他感到沮喪，心想：「我永遠不會如此淵博，希望我來世能夠如此。」訪客離開後，大悟者看著他說：「何必沮喪？你想要的你已經有了。有人會問求已擁有之物嗎？即便現在你不明白，之後難道不會明白？為何為此小事沮喪？若你不配學習這些，又怎麼會有參謁聖人的欲望呢？」穆達利爾稍微寬心。

穆達利爾堅信，身為在家人阻礙其靈性進步，於是在一九二六年請薄伽梵允許他出家。但大悟者並不鼓勵這麼做，說即便是在叢林中都可能有各種困難；正如他在道場沒有家庭責任之念頭，在家時也應如此。大悟者之後又兩度勸說。

大悟者並非不知穆達利爾的渴望，因此出現在其妻及兄弟之夢中，告訴他們穆達利爾得其恩典，家人應助他達成目標。家人也依言行事。首先，穆達利爾辭去工作，住在阿魯那佳拉，一九二九年出家，法號納塔那南達。幾年之後，因某些原因，他得重回在家人的角色。

自第一次參謁大悟者，納塔那南達便開始為其作曲，包括〈拉瑪那珍寶讚〉、〈拉瑪那十六讚〉、〈拉瑪那在諸多法界的婚禮花圈〉及〈拉瑪那百句〉曲中是納塔那南達的提問，與大悟者之回答。他也曾將薄伽梵對其他門徒之答覆譜寫為曲，一起出示薄伽梵。這些曲子共同出版為《開示珍寶》。

31 阿樂葛瑪

拉瑪那的母親阿樂葛瑪在帕瓦拉崑德魯與大悟者道別後不久，正值壯年的大兒子納格史瓦米便於一九〇〇年去世，留下膝下無子的寡妻。阿樂葛瑪傷痛欲絕，夫婿與長子過世，二子出家，幼子還未滿十四。但小兒子納格孫德倫一肩挑起家庭重擔，成了蒂魯維加度神廟的辦事員。一九〇二年，他至阿魯那佳拉，見到二哥時泣不成聲。但哥哥一如往常不為所動。阿樂葛瑪只能仰賴小叔接濟。

日子艱辛，她鎮日吟唱吠檀多歌曲。和當時幾位知名歌手一樣，她雖未受過正式訓練，歌聲仍十分優美。她向一位年長女士學習偉大吠檀多名句及智慧格言之精義，得到撫慰。

一九一三年，她前往卡西朝聖，回程暫停阿魯那佳拉。

不久後，小兒子納格孫德倫結婚成家，阿樂葛瑪與之同住。由於經濟拮据，蒂魯丘立的房子於一九〇〇年被變賣還債。尊者的叔父納里爾巴．艾耶於一九一四年離世。同年阿樂葛瑪至蒂魯帕地朝聖，回程時經過阿魯那佳拉，探望住在維魯巴沙洞屋的兒子。

在此短暫停留期間，阿樂葛瑪感染傷寒。大悟者向來對自己的肉身漠然，對母親卻悉心照料。事實上，即便是門徒或訪客病倒時，尊者也是如此。

阿樂葛瑪高燒不退，出現幻覺妄想。大悟者於是作詩文四首，向阿魯那佳拉祈禱如下：

我的庇護之山能治癒轉世因果！哦！上主！只有祢才能治癒我母親的高燒。

哦！能擊敗死亡的上主！我唯一的庇護！請降恩於我母親，讓死亡勿近。若仔細檢視，死亡又是何物？

阿魯那佳拉！祢是真知之火！請將我母親包在祢的光中，讓她與祢合而為一。到時又何需火化？

阿魯那佳拉！驅逐幻相之主啊！祢為何遲遲不驅逐我母親之幻相？除了祢之外，何人能有保護脆弱靈魂之母性慈悲，解除命運之打擊？

——摘錄自《拉瑪那尊者著作合輯》

正如大悟者所言，阿樂葛瑪註定要融入真知之火，怎能被火化？高燒終於退去。阿樂葛瑪不願成為道場負擔，於是回到瑪那馬杜賴。一九一五年，納格孫德倫的太太孟嘉拉瑪突然病逝，留下尚在襁褓中的孩子，這孩子也取名為維克達拉瑪。此後照料嬰兒成了棘手問題。起初是由納里爾巴·艾耶的妻子照料，但她年事已高。納格孫德倫於是請姊姊阿樂美露幫忙。

阿樂葛瑪無法再忍受待在家裡。她左思右想，只有次子大悟者能與之同住。事實上，只有他才能拯救她的今生來世。阿樂葛瑪在一九一六年時來到阿魯那佳拉，起初與耶夏摩同住。她想與兒子同住道場，但道場空間有限。幾位大悟者門徒，如甘布倫·謝夏雅認為，若有大悟者近親同住，大悟者可能會離開眾人、離開阿魯那佳拉，因此反對其母住在道場。阿樂葛瑪無計可施，返家後一直定期修煉瑜伽，但並不快樂。

不久後，在納格孫德倫及幼子陪同下，她再次前往蒂魯帕地朝聖。回程時停留阿魯那佳拉，這次阿樂葛瑪決定在道場住下，大悟者的門徒也讓步。

母親來到道場不久，史堪德道場竣工。大悟者遷入，阿樂葛瑪也隨之入住。納格孫德倫及幼子返回蒂魯維加度。

納格孫德倫自幼便十分艱辛。年幼時體弱多病，在其他困難外，更有大筆債務。無法養育兒子，只能托付他人。

此時阿魯那佳拉的那拉揚·勒迪來訪，告知阿樂葛瑪希望二子都能在身邊。於是納格孫德倫來到阿魯那佳拉。但他知道哥哥大悟者對任何人均無執著，因此與甘布倫·謝夏雅同住一段時間，如其他信眾般經常拜訪大悟者。

一九一八年，納格孫德倫出家穿上橘袍，法號尼倫伽南達。他會到鎮上化緣，此舉令大悟者之門徒不悅。畢竟，眾人皆享用信徒供奉薄伽梵的食物，惟獨大悟者的弟弟出門乞討，似乎不妥。之後阿樂葛瑪在道場組織了廚房，之後這位年輕出家人再也不必化緣了。

於是，大悟者變得有些像在家人。門徒即家人，近親與他同住，有可供應飲食的穩定居所。

這讓人想到瑟夏迪．史瓦米對信徒說的話。一位信徒希望得到他允許，上山見薄伽梵。瑟夏迪笑說：「儘管去吧。那是個在家人，還會請你吃糖。」此言說的是現實情況，也反映了靈性上的情況。

32 母親圓寂

願你在那充滿珍寶、幸福、愉悅的世界尋得永恆居所。

——巴凡布提

大悟者開始了阿樂葛瑪的修行訓練。恰似母親提供了他肉身，他也想給她永恆的生命。

但欲達解脫，則需盡滅一切心緒傾向。阿樂葛瑪仍遵循正統印度教習俗，如分別賤民、不碰任何不潔之物。習俗本身是小事，但若過度重視，便會阻礙修持。道場歡迎所有訪客，不分種姓階級。為確保母親不再遵循這些習俗，大悟者會儘可能開她玩笑。舉例來說，正統印度教女子不食洋蔥。大悟者便會指著道場中的洋蔥，笑稱是辣木。按照習俗，辣木也是阻礙她上天堂的食物。大悟者告訴她，這些習俗有其侷限，信仰是在這些規範之上。母親也逐漸妥協，認為人應滿足於現有物資。即便無法遵守正統印度教習俗，她明白若有任何行為失當，偉大的大悟者也會代為處理。

再者為她對兒子大悟者之執著。她疼愛兒子，也盼兒子對她有同等回報。此枷鎖難以掙脫，但卻必須要破除。每當她對大悟者有關愛之舉，大悟者便會予以斥責。有幾次她不住落淚，大悟者說：「哭吧！儘量哭！對妳有好處。妳越哭，我越滿意。」她不明白自己的兒子對她為何如此殘酷。有時他不理睬她，逕自與其他婦女交談，這讓她很傷心，認為大悟者故意忽略她。大悟者只回答：「所有的女性皆是我母親，妳又有什麼特別的呢？」此外，向來幫助家務的大悟者，會故意拒絕幫忙母親處理家務。一回，她請他幫忙做炸豆餅，大悟者沒有幫忙，反而送了她一首曲子，也就是著名的〈炸豆餅之歌〉。歌詞如下：

試著做些炸豆餅
吃下滿足你的願望
在紅塵俗世別沮喪
聽那特別的未言之言
真正能傳道的老師所教授的
關於存在、覺知、喜悅之真相
試著做些……滿足。

一

拿些黑豆，自我，
養在肉身五界中，
以探問「我是誰？」的智慧磨坊
研磨之
磨出最細的粉末
試著做些……滿足。

二

摻些白粉藤汁，
此為神聖之友，
加入控制心靈的孜然子，
真我胡椒——節制，
不執著之鹽巴，
以及阿魏，聞起來善良之
香味。
試著做些……滿足。

三

將麵糰放入本心石臼，
以心靈為杵，向內轉動，
用力敲入「我」，
接著以如如不動之「存在」為桿麵棍

將之抹平
努力不懈、心情愉悅
試著做些……滿足。

四

將豆餅放入梵之奶油
以無盡之寧靜為鍋
在真知之火上煎炸。
現在「我」已成「那個」，
請享用純粹之真我，
常駐真我。
試著做些……滿足。

——史瓦米那坦譯

阿樂葛瑪一開始不喜歡大悟者這種行為，認為不符倫理。但她逐漸了解大悟者的用心，明瞭執著是不好的。她並非是以大悟者母親之身分來到道場，而是一位亟欲了悟靈性知識之信徒。要得到大悟者之恩典，唯有無私之服務，不自滿執著。悟及此，她拖著衰老的身軀日夜服務道場成員。最後她換上橘袍，不再執著，聆聽吠壇多教誨。她臣服於大悟者，確信他即是她的救贖。

往生前兩三個月，她身體不適，需要照顧。大悟者成了她的頭號侍從。他日夜照料，但衰老的肉身豈能久存？

一九二二年五月十九日（敦度必年瓦色卡月）這日，眾人皆覺她時辰已到，但得儘量依不執著行事。她清醒時，薄伽梵給予靈性開示；昏迷時，加納帕提．慕尼等人唱誦吠陀經，其他人則誦羅摩之名。

當她的呼吸轉為急促，薄伽梵將右手放在她起伏的心臟上，左手放在她頭上，凝視著她。她就這麼往生了。薄伽梵之後親自說明當時情況：

造成輪迴的潛在習性與思維開始燃燒。她剛失去對外在世界之意識，靈體在靈界中看著一幕幕未來會發生之事。靈魂因此經歷了未來世，往最高的意識前進。

她怎能有此經歷呢？薄伽梵以手將靈性力量傳入，讓她可在內在經歷這一切，無須轉世，解脫輪迴。其靈魂力量與薄伽梵之靈性力量相抗，漸漸地，她的因果業力減弱、消失。事實上，薄伽梵描述了她在靈界中所見場景及強烈情緒。

她於晚間八時往生。在場的人中，加納帕提及尼倫伽南達聽見她過世時發出的聲響。就這樣，這位母親的個體小我融入了神阿特曼，得證大涅盤，解脫輪迴。其子為阿魯那佳拉之化身，因他之故，她得到解脫，常駐真我。

母親即將往生那日，道場中無人進食。往生後，大悟者站起身，毫無悲痛之意，說：「我們可用餐了，沒有不潔之物。」在這位神聖女士所融入的上主面前，怎會有任何不潔之物？此肉身即是一神聖廟宇。道場成員在禁語中用了這餐。

他們整晚唱誦虔誠歌曲。瑪那瓦希．羅摩史瓦米．艾耶在日記中寫下：「薄伽梵毫無悲痛。但在另一方面，他像是獲得自由的籠中之鳥。」誠然，他又何必悲痛呢？

母親得證無上之境。幾天後有人對大悟者說：「母親過世了。」薄伽梵立即糾正：「不，母親與至上合而為一了。」一回，談及他讓母親獲得解脫，薄伽梵說：「沒錯，那次我成功了。巴拉尼史瓦米過世時，我也試著幫助他。我以為他已得證無上之境，移開了我的手，他卻睜開雙眼，氣由雙眼洩出。那次我沒有成功。」又一回，薄伽梵說：「母親去哪了？她就在這裡。」我們對阿樂葛瑪之最終歸宿毫無疑義，大悟者說她與至上合一，與他同在（因為他也常駐於真我）。

母親過世當晚，便有該土葬或火葬的討論。薄伽梵指出，根據《拉瑪那之歌》第十三章，解脫者之肉身應土葬。於是門徒決定土葬。次日清晨，他們將屍體由史堪德道場抬下山，來到帕利聖泉附近。親戚從他處趕至，希望將其火葬，未果。眾人雖盡力不要公開，母親過世的消息仍傳遍鎮上。因此許多人來到土葬處。

他們在菩提樹下挖坑，放入屍體，填入樟腦、香灰、鹽等香料，再蓋上土。門徒以磚砌成墓碑。一尊從卡西聖城來的濕婆像恰在此時抵達，他們便將神像放在墓碑上，名為「主母像」，意為化身為母親的神。

尊者在一旁靜觀整個過程。母親圓寂，兒子的孝親義務也告一段落。

正如尊者在一九一四年對阿魯那佳拉的祈求，母親滅於真知之火，而非火葬之火。加納帕提・慕尼為大奉獻禮作詩文六首，題為〈桑答禮雅巴頌詩六首〉，（「桑答禮雅巴」與「阿樂葛瑪」同義）。詩文如下：

敦度必年，瓦色卡月下弦第九日，星期五傍晚

孫德倫之妻，巴拉達亞與帕拉撒拉家族之女，蘇布拉曼亞轉世拉瑪那・大悟者之母，蒙神祝福的女士，

無任何執著，以對濕婆之虔誠淨化，古海（拉瑪那・大悟者）之觸控制其氣，所有習氣

於此刻盡滅
桑答禮雅巴成為只有吠壇多虔誠者能知的光，此光無所不在，其子也知曉。
桑答禮雅巴圓寂時，拉瑪那．大悟者蓮掌所流出之泉成了新的聖泉，阿加撒瑪那聖泉
（盡滅所有罪過之泉）。
榮耀歸於神聖拉瑪那之聖母！
榮耀歸於圓寂！
榮耀歸於大悟者所加持之神像！
榮耀歸於新聖泉！

大悟者之後說了件有趣的事。阿樂葛瑪之肉身在往生後散發新的光澤，直到圓寂次日之灌頂，在倒下水後很快消失。尤有甚者，人在最後一口氣時，會發出一微弱聲響。但母親圓寂時，大悟者並沒有聽到，其他在場者則聽到了。

每年為紀念此日，會在主母像舉行供奉禮。世界各地數以千計的信徒皆來共襄盛舉。

此章中，大悟者的山中生活告一段落。大悟者門徒無數，但只有作者認為值得作為我們楷模者，才在此簡述其事蹟。巴拉尼是單純的虔誠者，優秀的學者加納帕提深具洞見，虔誠

的拉西米·阿卯解脫了因果業力之折磨，羅摩史瓦米·艾耶為疾病所擾，納塔那南達有東方之業力，西瓦普雷克薩姆有西方之業力，謝夏雅則是平衡的。而在不同的法門上，拉西米·阿卯在找到薄伽梵時，已透過瑜伽八步功法得證三摩地。謝夏雅虔心於持誦羅摩之名、養氣法及瑜伽。加納帕提精通持咒，西瓦普雷克薩姆是徹頭徹尾的邏輯學者，羅摩史瓦米·艾耶無特別專長。韓福瑞屬悉達派，納塔那南達則是信徒。讓這麼多不同的人專注在單一主題上，以得靈性效益，實為無上之恩典。

接下篇章中，將描述聖薄伽梵於阿魯那佳拉山腳之道場生活。

33
創建拉瑪那道場

阿樂葛瑪圓寂後數日，眾人在附近停留。眾人得從帕利聖泉取水，是件苦差事。薄伽梵見狀，在一潮溼處向下挖，發現一處泉水。將洞挖大，便有了足夠的水。稱拉瑪那聖泉或阿加撒瑪那聖泉。

每日在主母神像前供奉。墓碑在一處墓園，附近森林中夜晚有花豹出沒。十日過後，無人願意繼續守墓。尼倫伽南達於是每日從史堪德道場至此供奉，一段時間後他也覺困難。幾日後，他於墓碑處搭上茅草屋頂，住了下來。幾個月後，堂達帕尼史瓦也加入其行列。他募足款項，將部分森林整平。大悟者也每日造訪。薄伽梵生日將至，堂達帕尼史瓦米希望在墓碑處為薄伽梵慶生。生日前一星期，大悟者造訪墓碑並留宿於此。理由無人知曉，有人推測是為了參訪者方便，有些人對上山參謁侍奉尊者有困難。但真正的原因卻出人意料。薄伽梵說一日早晨離開史堪德道場時，一鼓強大的力量將他帶至山下，而在山下他甚至忘了用餐時刻已到，史堪德道場人員會等他回去用餐。「我是自發地來到這裡嗎？不是的。」薄伽梵說。前此，阿魯那佳拉的力量引他至此，現在，住在主母像之安巴神必也使出相同的力量。

出人意料地，這鼓力量從是日起就顯現在所有活動中。這鼓力量好似至上大力，薄伽梵有如至上意識，這鼓力量在他面前作用！它的第一項任務是改造道場之面貌。

起初墳墓處只有一座茅草屋，一九二四年，墳墓對面及北面各建了一座茅草屋。沐浴用帕利聖泉之水，供奉則用拉瑪那聖泉。食物方面，鎮上幾位信徒前來供養，道場也收到捐贈之廚房器皿及金錢。書籍如《拉瑪那之歌》於拉瑪尼亞．格郎塔拉亞書店出售，所得歸道場。這些錢恰好讓達帕尼等購買器皿及食物，並無多餘。

此外，道場的經濟處境艱難。道場每日至少有十人用餐，引起一群盜賊覬覦，以為道場甚為富裕，決定在一九二四年六月二十六日下手。之前也有盜賊闖入供奉殿，拿走所有可搬走之物。但這幫盜賊特別凶狠。

尊者正在墳墓對面的茅屋小憩，幾位門徒靠在窗邊休息。窗邊的庫恩猶史瓦米與馬斯坦被屋外聲音吵醒，聽見外頭有人說：「屋裡有六個人。」馬斯坦大喊：「是誰？」卻傳來窗戶玻璃被打碎的聲音。門徒驚慌地到尊者身邊尋求庇護。盜賊意在嚇唬，大悟者無動於衷。

庫恩猶史瓦米打開北面的門，請在北邊茅屋的羅摩克里虛那史瓦米過來幫忙。門一開，狗兒傑克及卡魯邦便衝出去狂吠。盜賊一陣毒打，本已生病的卡魯邦回到茅屋，傑克則逃至他處。

薄伽梵及庫恩猶史瓦米對盜賊說：「這裡沒什麼財物，不如你們就進來，想拿什麼就拿吧。」盜賊不肯，開始撬開窗戶。庫恩猶史瓦米年輕氣盛，說要出去痛毆盜賊，往南面門去。薄伽梵制止他，說：「他們只是在遵循其法性。讓他們去吧。我們的法性是寬容，不應違背。」庫恩猶冷靜下來。道場成員越容忍，盜賊越肆無忌憚。他們點燃鞭炮，讓人以為他們握有武器。道場成員回應：「勿聽庫恩猶之言，儘管進屋拿東西吧！」盜賊聽到了一個名字，便威脅要對庫恩猶不利。庫恩猶早已從北面門離開，往鎮上求援。

羅摩克里虛那對盜賊說：「何必費事？就進來拿東西吧。」愚蠢的盜賊說要放火燒屋頂，大悟者說沒有必要，他與門徒會走出茅屋。此言正中盜賊下懷，便同意了。大悟者擔心狗兒卡魯邦之安危，指示羅摩克里盧那將他帶至安全處，羅摩克里盧那照辦。在他回來前，薄伽梵在馬斯坦、坦格維魯．皮萊、慕努史瓦米．艾耶的陪同下走出北面門。盜賊早已等著，用棍棒毒打眾人，傷了大悟者的左大腿。大悟者說：「你們若還不滿意，可以也打另一隻腿。」盜賊毫不留情地照辦。這時羅摩克里盧那回來，徒手擋下盜賊的攻擊。他慢慢護衛大悟者走至北側茅屋，所有道場成員在此集結。盜賊令他們勿輕舉妄動，尊者答：「大殿是你們的了，想怎樣就怎樣吧！」

一位盜賊回來要了盞燈，羅摩克里盧那依薄伽梵之命，給了一盞。不一會兒，另一位盜賊來要櫃子的鑰匙，但他們告知鑰匙在庫恩猶身上。於是盜賊打破了櫃子，只找到一片刮鬍刀、幾個供奉用的法器、一點米，還有坦格維魯存下的六盧比。盜賊大失所望，一人舉起棍棒威脅薄伽梵道：「你把錢都藏在哪裡？」「我們是貧窮的出家人，以他人布施維生，向來沒有錢。」薄伽梵說。無論盜賊如何施壓，這是他們所得唯一的回應。盜賊只好失望地離去。

尊者建議羅摩克里盧那塗上膏藥緩解疼痛。羅摩克里盧那問尊者發生何事，答：「我也得到了供奉。」羅摩克里盧那注意到薄伽梵大腿上的傷，勃然大怒，拿起鐵塊往外走，說道：「我要去看看那夥人在做什麼。」薄伽梵知其意圖而說：「我們不應放棄出家人的法性。

你若打了人，爭吵中或有人喪命，眾人就有理由責怪我們。那幫無知盜賊不明白自己的所作所為，但我們能區分行為是否遵循法性，不應偏離。若不小心咬到舌頭，難道你要拔掉全部的牙齒嗎？」羅摩克里虛那冷靜下來。到了兩點左右，盜賊離開道場。

其後薄伽梵與門徒坐在北面茅屋，若無其事地討論吠壇多哲學。不久，庫恩猶回來，帶著村莊官員、羅摩克里虛那·艾耶、兩位警佐。警方問及搶劫，薄伽梵輕描淡寫地說：「幾個無知的蠢蛋想搶劫道場，以為可大撈一筆，卻空手而回。」警察記下其言後離去。一位住在道場的男孩，慕努史瓦米，追上警察，告知盜賊毆打薄伽梵。村莊官員也在警察局述說證詞。次日早晨，一群警察官員——副警司、分區督察、次級督察、警佐長，來道場問案。薄伽梵未告訴任何人他的傷，關於盜賊，薄伽梵也從未責難，甚至不記得此事。幾天後這幫盜賊與所偷物品被查獲，入獄服刑。

截至一九二六年，又完成了數項建設。隨著道場擴建，門徒間開始爭執誰應管理道場事務。的確，權力欲望往往與金錢欲、擁有欲一樣強烈。一九三〇年，無人在意薄伽梵誕辰將至，道場能否繼續都是問題。幾位門徒聚在一起決定，尼倫伽南達尊者應成為道場執行長，但其他人反對，告上法院。為免問題益發嚴重，一些門徒請薄伽梵讓尼倫伽南達尊者成為其法定代理人，並立下遺囑，明確指示道場管理應如何運作。此後再也沒有人造成道場困擾。

一九三〇年，尼倫伽南達尊者成為道場執行長，道場的建設工作順利進行：辦公室、書庫、儲藏室、餐廳、客房、吠陀學校、牛棚。母牛拉西米已若道場女兒般，因此建此牛棚。之後又增添訪客、道場人員之相關設施。其中包括來自莫維的拉傑在道場對面所建的客棧。

納拉辛哈史瓦米前來鍛鍊靜坐。在道場西邊的果園中為自己蓋了間小屋，稱「帕拉寇圖」。此處終年有泉水，稱阿加斯塔聖泉。

來自班加羅爾的奧羅賓度．玻斯一家皆是薄伽梵信徒。他們在阿魯那佳拉的道場附近購置大片土地，蓋了四座小屋，全區命名為馬哈斯塔那，於此定居。小屋主要是供不適應道場居住條件的西方人停留。

麥蓋佛於馬哈斯塔那隔壁蓋了三座小屋，類似的還有切提爾區、高恩德區的興建，合稱拉瑪那納加。或許薄伽梵心中早有此規劃。

薄伽梵門徒，英國人查德維克及達瓦拉吉．穆達利爾，在道場院子為自己蓋了房間。瑜伽行者拉瑪亞、蘇巴拉瑪．勒迪又在這些房間旁建了自己的房間。這四間房舍都在薄伽梵所居住的大殿西側的花園附近。

因應訪客及道場成員之需，花園東北隅出現了診所。道場成員也費心整修帕利聖泉，修築往聖泉之階梯。圖書館也落成，藏書包含數種語言。

這些建設需大量資金。道場成員從不主動尋求贊助，也無資金。資金來源主要是訪客主動捐獻，以及販售道場出版品。許多信徒不求回報地在道場服務。事實上，道場僱員寥寥可數，信徒唯一的報酬是薄伽梵之恩典。每天從清晨四點至晚上十一點工作。隨著時間過去，為來客供餐便不再是個問題。

34 追隨者

隨著拉瑪那道場逐漸成形，薄伽梵的追隨者也隨之增加，開始參與道場活動。隨著人數增加，便必須規範道場運作。薄伽梵年事已高，易感疲累，必須規範訪客時間。這些規範自不為某些人所喜，但道場無法沒有任何規範。

薄伽梵從不接受任何特別待遇，確保每個人均能得到他所享有的食物。不僅如此，打飯時，若有人獨厚他，也會遭到嚴辭譴責。他也希望道場成員能完全培養無染、虔誠、服務之美德。更不喜藉規範之名，造成信眾不便。以下為一例：西方人對蹲坐感到困難，一位歐洲女士在薄伽梵面前坐下時，將腿往前伸直，薄伽梵的隨從予以警告。薄伽梵認為此規範也適用於他，於是通常將腳伸直的他，立即收腿盤坐。但薄伽梵當時為風溼所苦，此姿勢讓他極為不適。為了讓薄伽梵回復原來姿勢，隨從只好允許這位西方女士以任何舒服的姿勢坐下。

隨著薄伽梵人類信徒的增加，動物信徒隨之減少。以下是一些關於動物之事。

拉西米

母牛拉西米是所有道場成員的寶貝，被認為是琦萊．帕緹再世，可自由在道場院子活動。經常踩上菜園大快朵頤，若有人試圖驅趕她，大悟者便會介入：「是你沒有好好把菜園圍起來，怎能怪她？」每當這種時候，拉西米便會走入大殿，靠近尊者，彷彿她是無辜的。眾人皆無計可施。聰明的拉西米知道用餐時間，若沒先餵飽她，誰都別想用餐。夏天時，會特別為她準備冷水。拉西米非常喜愛水果，大悟者以水果餵食她時，非常享受。為表感謝，她會用粗糙的舌頭舔薄伽梵的身體至泛紅，薄伽梵的耐心實在是無以倫比。拉西米十分頑皮，會在大殿如廁，對新到者做出威脅之舉。當然，他們若輕拍撫摸她，她也會十分友善。

節慶時節拉西米會有特別待遇，有人為她洗澡打扮，戴上花圈。她會立刻跑到薄伽梵跟前站著，像是在炫燿她的美麗。傍晚回到牛棚前，必先拜訪大悟者。臨走前，大悟者會餵她吃香蕉。

有時拉西米會淚眼汪汪地站在大悟者跟前，彷彿想起前生遭遇。大悟者安慰她後，才慢慢回到牛棚。

她在大悟者生日及生辰星日產下小牛，子女皆在道場長大。

拉西米很清楚自己高貴的身分，若有品質較佳的山香蕉可以吃，她是不碰一般香蕉的。

牛棚落成那日，拉西米較預定時間早些到達，站在大悟者前不願離開，直到他起身說：「她想帶我去她的新家，為何趕她？」拉西米指示大悟者往牛棚的路，眾人看得目瞪口呆。

瓦利

一位火柴盒製造商將這隻鹿瓦利送給道場。道場成員對其寵愛有加，訪客都會撫摸她，讓她習於與人類相處。她非常自由，會和外面的小羊打成一片，一起吃草。有幾回是牧羊人把她帶回道場。一回她走遠了，為盜獵者所傷。有人發現這是道場的鹿，將其救起帶回。儘管有無微不至的關愛，仍不治死亡，葬於道場北側。

傑克

傑克的死耐人尋味。一九三三年，澎戈節前約三週，傑克病了。道場向來用牛奶餵他，

——尊者與母牛拉西米。拉西米非常有靈性，最後證得解脫。

因此他本就不吃固體食物。生病後傑克不願離開薄伽梵跟前。垂死之狗常有惡臭，但傑克並沒有。雖然性命垂危，他仍撐過了節慶，安詳去世。傑克之死，與摩訶婆羅多的偉大戰士畢詩馬之死，有許多相似處，即便寡言的薄伽梵也提到這點。傑克死後，卡瑪拉也斷了子嗣。

松鼠

有好一段時間，松鼠在道場中橫行。他們毫無顧忌地爬到薄伽梵身上，薄伽梵也餵他們堅果。一回，一隻松鼠因薄伽梵不及給她食物，咬傷他手指。

鴿子

一九四五年九月，一位訪客將兩隻鴿子放到薄伽梵膝上，不肯帶回。薄伽梵慈祥地撫摸他們，鳥兒閉上雙眼，有如在三摩地之境。

花豹

同一時期，另一位訪客帶了兩隻小花豹給薄伽梵。薄伽梵一如往常撫摸他們，餵食牛奶，他們便在薄伽梵的沙發旁睡著了。一位信徒將此景拍了下來。

白孔雀

來自巴羅達的馬哈拉尼所贈之白孔雀，也為道場增色。

自薄伽梵定居道場，便有帶著不同目的的訪客而至。有人想尋找現代大悟者，有些認為他是聖人，有些希望見到他便能實現願望，更有人是厭倦紅塵，盼於其足下尋得庇護。見到薄伽梵改變許多人的生命，得到快樂。訪客以各種方式讚美薄伽梵所賜之恩典。有些以坦米爾語或泰盧固語寫下讚美薄伽梵之頌歌，如普拉那瓦南達史瓦米、慕魯古拿、羅摩史瓦米·艾耶。有人以梵文譜曲。那拉揚史瓦米·艾耶彙集大悟者之演講。拉克希瑪那在其《大瑜伽》中闡述薄伽梵之哲學。更有人將薄伽梵著作譯成不同語言，將其神光傳遍全世界。

瑜伽行者拉瑪亞

俗諺說：「即便你智識有限，只要誠心全力投注於靜坐修持，自會有所成就。」瑜伽行者拉瑪亞的一生就是此言最佳寫照。來自內羅爾附近村莊莫普魯，家族以慈善及對知識的渴求著稱。家族中每一代都僅有一個男孩，而男孩出生後，父親便很快往生。拉瑪亞也是如此，因此由鄰村的舅舅扶養長大。

年輕、富裕、單身，這位未來瑜伽行者有段時間放浪形骸，但同時也對羅摩神非常虔誠，總想要能虔誠如羅摩神知名的信徒瓦米其，或不執著如詩人卡比兒。他總是持念羅摩之名。幸運的是，年紀輕輕，沙度聖布拉瑪南達．提爾他便以「塔拉卡梵咒」啟蒙他。上師指示他每日複誦梵咒五千次，拉瑪亞照做了。一回，他起了出家的念頭，決意前往聖城卡西。上師見狀，問他此行是否徵得母親同意。拉瑪亞坦承沒有，上師建議他可在家中花園幽靜處持咒，拉瑪亞於是打消了旅行之念。持咒外，拉瑪亞也吃素，在無人指導下也開始練習養氣法，很快得到了一些靈性體驗，但這些經驗很快就消逝了。

一回，他見到所有事物皆是燦爛光輝。不明白所見，拉瑪亞詢問許多人，但徒勞無功。他的上師當時已往生。想起之前曾聽過阿魯那佳拉，拉瑪亞於是前往拜謁尊者，釐清疑問。薄伽梵解釋這是三摩地，拉瑪亞非常滿意。便拜薄伽梵為上師，在阿魯那佳拉住下。他長期於芒果樹洞中苦行。後來他在母親住的村莊建了道場，與阿魯那佳拉兩地輪流居住。

他對眾生充滿慈愛，蛇等有毒生物也不例外，也從未為任何生物所傷。他有幾項神通法力，保羅．布倫頓說過，拉瑪亞讓他體驗到心靈平靜。拉瑪亞之門徒每年皆會慶祝其誕辰。

納雷辛荷．艾耶

來自薩稜，薄伽梵英文傳記作者，薄伽梵〈靈性教導〉之譯者，律師，自由鬥士。這位知名人物不畏嘲笑，在馬德拉斯立法院上以母語坦米爾語發言。他的家庭生活發生驟變，兩子於同日雙雙過世。他轉向靈性生活，於一九二八年來到阿魯那佳拉，在道場住了約三年。他努力蒐集薄伽梵生平細節，取得許多人的書面紀錄，寫成薄伽梵之英文傳記《了悟真我》。他精通西方心理學及梵文靈性經典。雖是虔誠的薄伽梵信徒，他在傳記中儘量不誇大其事蹟，讓許多人追隨薄伽梵。他致力於融合東西靈性哲學，相信心靈即便在沉睡時仍存在。若心靈不存在，便無法在睡中有愉快回憶，也無法在預定時間醒過來。他認為清醒時的思考能力減弱，讓人心不在焉、做白日夢、作夢、以及熟睡。薄伽梵試著說服他，熟睡時心靈會暫時停止作用，但不會消滅。但心靈變得如此微弱，可視為不存在。

蘇塔南達．巴拉帝

蘇塔南達．巴拉帝薄伽梵坦米爾語傳記作者。早年即是知名記者及作家。其坦米爾語作品《巴拉塔薩克帝》相當有名。對國家教育深感興趣，與V．V．S．艾耶於切朗馬哈德維創建上師學校。他也對自然療法很有興趣。為了解各宗教精髓，他廣泛研讀宗教經典。為實踐其崇高理想，他需要至上大力，因此開示膜拜夏克提，學習養氣法，有一些靈性體驗。

蘇塔南達於知名耆那教聖地「斯拉瓦納貝拉戈拉」，研讀耆那教經典時，興起觀謁薄伽梵之念。他到達道場時，不見薄伽梵之肉身，先只見一道光柱，之後則是濕婆神像。薄伽梵的肉身形象顯現後，他對薄伽梵行大拜禮。其後加納帕提·慕尼在薄伽梵附近時，他又行了一次禮。薄伽梵問加納帕提：「此人是《巴拉塔薩克帝》的作者蘇塔南達嗎？」蘇塔南達對此讚美雀躍不已。薄伽梵請他留下用餐，巴拉帝回答：「好的。但我是為靈性食物而來。」蘇塔南達並不執著於提問，見到薄伽梵已讓他十分快樂。此刻他心中湧現起首坦米爾詩文。

巴拉帝在阿魯那佳拉停留六個月。在薄伽梵跟前，他的自我感盡滅，開始以第三人稱呼自己，完全觀照內心。為繼續膜拜夏克提，他前往奧羅賓多尊者於之道場。巴拉帝對薄伽梵之虔誠，讓他寫就讓人動容的《拉瑪那傳》。

接下來，該交代對建設道場有功之人，以及能解釋薄伽梵教誨的人物了。

維斯瓦納沙·布拉馬恰利

一九二三年，維斯瓦納沙·布拉馬恰利來到道場時，尚未滿十九歲，沒有告知家人。父親對兒子離家感到不悅，猜測他必是來到阿魯那佳拉，於是前來道場尋找兒子。數年前，當大悟者仍是維克達拉瑪時，其父便相識。但在此地見到大悟者，他驚訝地說：「此人非我所認識的維克達拉瑪。」薄伽梵微笑答曰：「他呀！已經消失好一陣子了！」談及維斯瓦納沙，薄伽梵說：「他離家時至少已略懂梵文，我離家時可什麼都不知道。」維斯瓦納沙·布拉馬恰利對加納帕提·慕尼十分虔敬，與之同修，研讀其所有著作。

穆納葛拉·韋克達拉邁爾

穆納葛拉·韋克達拉邁爾是高階政府官員。約一九二五年丟官，與家人來到道場，將所有家庭事務請益薄伽梵。一晚他與年幼子女睡在大殿，約午夜時聽見薄伽梵說：「怎會此時到這？孩子不怕嗎？」韋克達拉邁爾睜開雙眼，環顧四周，見一巨蛇經過孩子從窗戶離去，十分震驚。其女卡瑪克希十分喜愛道場，其夫婿拉瑪羌卓·考定亞也是薄伽梵的虔誠信徒。

韋克達拉邁爾大力幫助薄伽梵信眾，在他們與薄伽梵交談時，為之翻譯，並將這些對話編為三大冊《對話真我》，亦將梵文經典《三城神話》譯為英文。

孫達雷瑟·艾耶

孫達雷瑟·艾耶是蒂魯瓦納瑪萊當地人，十歲加入薄伽梵信徒行列。與加納帕提·慕尼同修，從他那裡習得「儀軌梵咒」。精通英、梵、坦米爾語，經常發表關於薄伽梵之文字，常贊助道場活動。薄伽梵坦米爾作品《拉瑪那尊者著作合輯》出版時，薄伽梵請孫達雷瑟．艾耶寫介紹。此舉說明了他的重要性。

慕魯加拿

慕魯加拿是知名學者、坦米爾詩人。熱愛坦米爾語，因此將姓名由「蘇布拉瑪尼亞」改為坦米爾語「慕魯加拿」。其鉅著《向拉瑪那神聖臨在致敬》，已成為坦米爾詩人推崇之經典。起初他視薄伽梵為眾神之化身，但後來篤信無形無相之神祇，為堅定的不二一元論者。負責出版薄伽梵的坦米爾著作《教導精義》及《真理詩頌四十則》。

羅摩史瓦米．皮萊

大學畢業不久即加入道場。是服務精神之化身，對薄伽梵無比虔誠。通曉坦米爾語，喜唱頌讚美薄伽梵之坦米爾歌曲。道場總是迴盪著他的歌聲。

達瓦拉吉．穆達利爾

達瓦拉吉．穆達利爾是契圖爾檢察官，其日記《日處真我》由拉瑪那道場出版。

吉里達魯·那拉辛哈·饒

提到泰盧固作家，不能不提將〈阿魯那佳拉讚歌五首〉及《真理詩頌四十則》譯為泰盧固語的吉里達魯·那拉辛哈·饒。他為此學習坦米爾語，薄伽梵讀過他所有作品。

古朗·維卡塔·蘇巴拉麥爾

古朗·維卡塔·蘇巴拉麥爾也學了坦米爾語，其貢獻是將《拉瑪那之歌》譯為泰盧固語及英語。薄伽梵應他之請，由《薄伽梵歌》中選出幾個偈子，作《聖薄伽梵歌珍寶》，又稱《聖薄伽梵歌精粹》。

蘇孋·娜葛瑪

蘇孋·娜葛瑪可說是「拉瑪那之女」。年紀輕輕便守寡，一九四一年來到薄伽梵跟前。她以信件記錄了一九四五至一九五〇年間，薄伽梵跟前發生的對話與事件。為此任務，她多數時間待在道場。這些信件集結出版為《拉瑪那道場書信輯》。薄伽梵對她非常慈愛。

35 出版作品

自遷入拉瑪那道場，薄伽梵信徒日增，人數眾多，信眾無法直接聆聽其教誨，因此有出版書籍之必要。此時大悟者已能輕鬆以塔米爾、泰盧固、梵、馬拉亞里語寫作。眾人認為與其翻譯其作品，不如由大悟者本人親自以不同語言寫作，以保純正。此外，前此薄伽梵之開示是寫成詩歌，眾人也認為有述其理論之必要。有許多人亟欲了解薄伽梵之哲學、鍛鍊、新方法、釐清複雜的靈性經典；也應指正關於不二一元論之錯誤辯證，穩固不二一元論之根基。《拉瑪那之歌》雖可作欲修持靜坐者之指引，提供了一法門，卻僅零星指正某些哲學辯證。凡此皆使薄伽梵有必要著述。薄伽梵於拉瑪那道場期間之作品，言簡意賅，有效反駁其他觀點，理性不帶情感，誠屬無價。

坦米爾語作品

《阿魯那佳拉榮耀經》

描寫阿魯那佳拉的斯塔拉神話篇幅浩瀚，不易閱讀。因此薄伽梵選出讚頌阿魯那佳拉偉大之偈子，寫成坦米爾語。

《全知》

薄伽梵將一濕婆《阿含經》中與「真知」相關的部分譯為坦米爾語，可視為《德維卡洛塔拉經》之增補。

《真我科學之歌》

有人認為真我科學過於艱深，但寫就《向拉瑪那神聖臨在致敬》的大詩人慕魯加拿卻不做此想。一日他將一張紙置於薄伽梵面前，紙上寫著一段副歌：

哦！真知真容易

哦！的確非常容易

他只寫出副歌。薄伽梵瞧見，便以此寫了一首歌。

〈靈性教導〉

慕魯加拿視薄伽梵為濕婆，因此為文無數讚美濕婆。其中一首詩寫濕婆在達魯卡森林傳授古代智者真理。慕魯加拿想以薄伽梵之教誨作為濕婆之開示。他以七十段描寫此事，請薄伽梵以三十段寫開示的部分。泰米爾．納德邦流行一古老的特殊民間舞蹈，舞步之間的停頓稱為「溫帝帕拉」，有特定的韻律與節奏。薄伽梵採用此節奏，以坦米爾語寫成〈靈性教導〉。一位信徒說得好，一般大眾喜歡比喻，但想了解高深哲學者，則喜解釋理論的散文。薄伽梵將理論以詩歌形式寫就。

開頭先論肉身或行動本身無覺性，行動之果報是上主所賜，反駁《儀軌經》之說。接著談論虔愛法門、瑜伽法門、真知法門，最後總述不二一元論要義。

此作薄伽梵以梵語題為〈靈性教導〉，拿給正在芒果樹洞的加納帕提．慕尼看，問其意見。此詩之美令加納帕提．慕尼驚嘆，他將作品示與幾位梵文學者，嘆道：「我們之中，有誰能作出一節這樣的作品？又有誰能評論此作？我們怎敢自稱梵文學者！」接著，加納帕提．慕尼在兩個半小時內，寫下此詩的評論，之後也被譯為坦米爾語。

瑜伽行者拉瑪亞請薄伽梵也作泰盧固語本，後者依言照辦。普拉納瓦南達師父在加納帕提．慕尼幫助下，寫了泰盧固語評論。隨後，薄伽梵本人將此詩寫為馬拉亞里語。

《真理詩頌四十則》

慕魯加拿常問薄伽梵各種哲學問題，後者總以詩歌形式回答，累計至四十首（坦米爾語為*narpadu*）。在加納帕提·慕尼建議下，慕魯加拿將其以特定順序編排。因這些詩文皆與「真理」（坦米爾語為*Ulladu*）有關，故題為《真理詩頌四十則》。此外，在回答慕魯加拿等人時，薄伽梵有時會將其他語言的詩文譯為坦米爾語。薄伽梵也寫作了十二首零星詩文。以上加起來不足四十首，應克里虛那·畢克修之請，薄伽梵補足了四十首。這四十首稱為《真理詩頌四十則：補篇》。泰盧固語中，「補篇」為*Sookti Sudha*。

應瑜伽行者拉瑪亞之請，薄伽梵將《真理詩頌四十則》譯為泰盧固散文，題為*Unnadi Nalubadi*。數人將之改寫為詩歌。本書充滿洞見，為真知法門指南，反駁了許多對不二一元論之抨擊。行文直白，類比精彩。

加納帕提·慕尼將《真理詩頌四十則》及補篇譯為梵文*Sat-darsan*，其門徒卡帕里·夏斯特里作注，亦將全文譯為英文。

應加納帕提·慕尼之請，薄伽梵創作另一首梵文詩，其中四句之開頭分別是「肉身」、「我不是」、「我是誰」、「我是『那個』」。

原創作品之外，薄伽梵也從經典中選錄，有時也將其譯為坦米爾語。包括《塔宇瑪努瓦》（坦米爾語）、《無上明辨經》、《喜悅波流經》、《瓦西斯塔瑜伽經》、《薄伽梵歌》。尚有其他譯作收錄於《真理詩頌四十則：補篇》。

零星詩文

薄伽梵也在不同場合創作零星詩文，包括

一　選自《羅摩之歌》

魔術師魅惑眾人，卻不為所惑。若大成就者為世間所惑，成了魅惑世間的一部分，該有多奇怪呀。

——摘錄自《拉瑪那尊者著作合輯》

二　象頭神

一回，一位捏陶人在維魯巴沙洞屋送給薄伽梵一幅象頭神的小神像。薄伽梵為此寫下：

祂生下祢這個孩子，祢把自己變成
一個乞丐；祢是個孩子
祢居住四方只為填飽

祢的大肚子；我也是個孩子。
哦！尊貴的孩童之神！遇上一個
依祢形象所生的孩子，祢是鐵石心腸嗎？
我求祢看看我吧！

——摘錄自《拉瑪那尊者著作合輯》

三　阿魯那佳拉瑪那

一九一四年至一九一五年之間，安利塔南達．加提在紙上寫下一短詩，問薄伽梵他究竟是毗溼奴、蘇布拉曼亞、濕婆，還是瓦拉魯奇。薄伽梵在同一張紙上寫下以下回答：

眾人蓮花心深處，初為毗濕奴，實則閃耀著至上意識之純粹智性（完全覺知）。至上意識即是阿魯那佳拉瑪那。當心靈融入對祂的愛中，達到本心最深處，也是最摯愛的上主所在，純粹智性之慧眼便會打開，祂即以純粹意識之姿化現。

——摘錄自《拉瑪那尊者著作合輯》

四　胃腸之怨

一九三一年，一位信徒於慶典時大吃一頓，引用坦米爾聖人暨詩人阿瓦亞一首抱怨腸胃之詩：「一天不吃不行，一次也不能吃兩天份。你不知道你給我帶來多少麻煩。哦！糟糕的腸胃啊！你真不是個好相處的。」

薄伽梵立即依樣畫葫蘆，寫了首抱怨自我的詩：

自我啊！你一刻都不讓我休息，每天、無時無刻，你吃個不停！你不知道我受了多少折磨。哦！麻煩的自我！你真不是個好相與的。

——摘錄自《拉瑪那尊者著作合輯》

五　希瓦拉特利

摩璃加斯拉月阿達星日，是古老偉大的阿魯那佳拉林伽成形之日。大悟者瓦拉特利日，毗濕奴等眾神膜拜以光明燦爛形象出現之上主。

——摘錄自《拉瑪那尊者著作合輯》

為出版薄伽梵之作品，成立了拉瑪那道場文字部。薄伽梵所有的坦米爾語作品及其譯本，得以出版。

薄伽梵傳記以英文《了悟真我》、坦米爾文《拉瑪那傳》、北印語《拉瑪那傳》出版。★拉瑪那作品其後也被譯為北印語、古加拉地語、馬拉地語、孟加拉語、康那達語。出版的梵文著作包括《真理詩頌四十則》、《拉瑪那之歌》、《真理詩頌四十則注釋》、《拉瑪那尊者四十首讚歌》。

這些作品中，薄伽梵的開示，特別是靜默開示，最為出色。其次則是書籍。當然，也有許多作者以各種不同語言寫作。

——加納帕提·慕尼

36 世界之光

至上大力如遠方的太陽，澤被我身，為我解憂。

★ 泰盧固語本《神的遊戲》（*Sri Ramana Leela*）於一九三六年出版。

空中升起的一顆星星預告了耶穌的降生，指示智者通達其誕生地之路。歷史上，真知之光由東方升起，照亮西方世界。

薄伽梵聖拉瑪那之訊息，很早便由韓福瑞傳入西方。

韓福瑞

韓福瑞來歷不尋常。一九一一年，他抵達孟買擔任副警司，但不久便病倒。當時他已修煉瑜伽，靈體可離開粗質肉身到任何地方。韓福瑞透過靈體，在維洛爾找到一位學者教他泰盧固語。這位泰盧固學者薩維帕利．納拉辛哈（後改名為普拉納瓦南達師父），於三月十八日來找他。

學生隨即詢問老師哲學問題，也請老師給他星象學書籍。次日，他問學者是否知道這附近有任何大成就者，或他認識任何大成就者。這位學者或許認為與英國人談論上師，無異是浪費脣舌，因此答曰不認識任何大成就者。次日學生說：「學者，您昨日說不知任何大成就者，但今早您的上師來到我夢中。事實上，您是我在孟買見到的第一位維洛爾人。」學者反駁他根本從未去過孟買。於是韓福瑞告訴他，自己透過瑜伽鍛鍊得到神通。老師非常佩服，便出示偉大修行者的照片。見到加納帕提．慕尼的照片時，韓福瑞大喊：「今天早上到我夢中的就是這位偉大人物。他不就是你的上師嗎？」學者只得承認加納帕提．慕尼確實是他的上師。

不出兩週，韓福瑞又病倒，需被安置到奧塔卡孟德。他仍經常寫信給學者。一回他寫說看到一位頭髮糾結、長鬍子、眼神明亮之人。另一回，他說想吃素，利於他修煉養氣法及禪定。又另一回，他詢問重新加入一密教社團是否妥當。離開奧塔卡孟德後，他與學者、加納帕提．慕尼，於一九一一年十一月一同拜訪大悟者。從他對薄伽梵所提出的第一個問題中，我們可見其崇高理想、淑世之心、以及年輕人的掙扎。大悟者與他交談時部分使用英語。

韓福瑞問：「尊者，我能做些什麼來改善這個世界嗎？」

大悟者答：「先改善你自己。這和改善世界是一樣好。」

韓福瑞問：「我想淑世，我做得到嗎？」

大悟者答：「先淑你自己，你也是這個世界的一部分。不僅如此，你就是這個世界，這個世界就是你。二者不可分。」

韓福瑞停頓一下，又說：「尊者，我能像克里虛那及耶穌等人一樣行神蹟嗎？」

大悟者反問：「那些人在做那些事時，是想著他們在行神蹟嗎？」

韓福瑞停頓一會兒，給了否定的答覆。

大悟者或許認為，韓福瑞對神通的興趣對他有害無益，因此告誡他應以全然臣服之心，全心致力於臻至真我。

薄伽梵說他與阿魯那佳拉皆是獨一無二的燦爛光輝，參謁過他者，必會不斷回來。韓福瑞果然再次拜謁薄伽梵。大熱天中午，他從維洛爾騎機車，騎了近六十五公里到蒂魯瓦納瑪萊，接了公共事務部督察拉加瓦查里，一同拜訪薄伽梵。舟車勞頓，滿身灰塵；薄伽梵見狀，奉上飲料，讓他平復。地方法官A．S．克里虛那史瓦米．艾耶也在場。拉加瓦查里與克里虛那史瓦米共同翻譯，讓對話得以進行。

韓福瑞問：「尊者，學到的功課我很容易就忘了，只記得最後幾句話。該怎麼辦？」

大悟者說：「你能勝任你的工作，便能做你的靜坐。」

韓福瑞第三次覲謁大悟者時，已對他充滿敬意，認為著鞋戴帽上山甚為不敬，因此赤腳來到洞穴。薄伽梵在回到洞穴途中，見到韓福瑞的衣物，便請隨行的巴拉尼史瓦米拾起。無人知曉薄伽梵這回給韓福瑞的開示。

韓福瑞寫信給英國友人菲利克斯．魯道，詳述與薄伽梵會面及所得開示。魯道將信件改寫為文章，刊登於《國際心靈月刊》。此文被譯為數種不同語言，讓薄伽梵之開示利益各地求道者。多年之後，韓福瑞辭職成了羅馬天主教修士。

想不到一位英國人會成為薄伽梵信徒，將薄伽梵之教誨傳至海外。數十年前，就有幾位求道者因而獲益。第一位就是來自俄羅斯西部、波羅的海沿海拉脫維亞首都里加的迪克曼。

哈利．迪克曼

他很早就對瑜伽有興趣，修習哈達瑜伽、王者瑜伽，鍛鍊哈達瑜伽中的幾個體位法。也有瑜伽學生數人。

迪克曼對薄伽梵有無比虔誠與信心，對他所有的教誨深信不疑。將〈靈性教導〉及〈我是誰〉譯為其母語。他與薄伽梵討論他與學生在鍛鍊瑜伽遭遇的困難，並遵從薄伽梵之教導。他堅信獨身，尊崇亞利安吠壇多哲學。相信其祖國與印度在語言及知識上十分相近。他自述他所居住的地方，從前在拉脫維亞語中稱為「庫魯吉米」，也就是摩訶婆羅多中重要的戰場，印度聖城庫魯克謝塔。為習得第一手亞利安吠壇多哲學，他學習梵文及英語，對北印語也有涉獵。他仔細研讀維韋卡南達、拉瑪那尊者著作全集，遵行其教誨。向薄伽梵學習智慧格言之精義。相信在靈性上，一元不二論為最終準則。他與門徒每年慶祝薄伽梵誕辰。

保羅．布倫頓

倫敦《論壇》雜誌書評。布倫頓是筆名，其真名為拉斐爾．赫斯特。猶太人，英國公民。自幼便對宗教深感興趣。為得祕密教派知識，加入神智學會。待了兩年，卻不甚滿意。

他認為東方有許多精於祕密知識之人，遂拜訪印度教及回教苦行僧，將其經歷寫成《印度尋祕之旅》。書中他盛讚大悟者，認為在所拜謁過的人中，無人能及，並稱薄伽梵為其上師。這本書隨即廣為流傳，許多西方人因而認識薄伽梵。布倫頓在書中詳述其在阿魯那佳拉之經驗。他對薄伽梵行大拜禮後，坐在薄伽梵面前。薄伽梵面容寧靜莊嚴，布倫頓起初以為這不過是對信眾裝模作樣，但很快就發現並非如此。

他感到內在逐漸轉化，一股穩定的寧靜之流流遍全身，進入他心中，撫平波濤洶湧的心。薄伽梵信徒所感受到的寧靜喜悅，他也感受到了。他領悟頭腦自生煩腦，又為解決煩惱而憂愁。他明白此平靜與智慧是來自薄伽梵之恩典。他猜想，大悟者「散發出靈性平靜之波動，正如同花兒從花瓣散發香氣。」但此寧靜並不持久，不久心靈又回到慣常的紛擾狀態。

他後來談到大悟者時說道：「經常參謁此充滿智慧之太陽，無知黑暗盡除。他沉默不語時，將我帶進其寧靜世界中。」

此時我們可知薄伽梵之靜默較其話語更有力量，其靜默背後有無與倫比的力量。透過這鼓力量，他無須言語，無須動一根指頭，便能俘虜他人。

有時這鼓力量如此強大，讓布倫頓遵行薄伽梵所有指示。但大悟者從不欲其門徒成其奴隸，給予完全的自由。在這點上，薄伽梵與其他上師有天壤之別。布倫頓寫道：

> 他非常簡單，法相莊嚴，從不賣弄神通。譴責所有膜拜他為神祇之行為，不喜炫耀。
>
> 這是位對眾生傳法之大成就者，爭辯無益於事。
>
> 大悟者的修行方法，與行奇蹟、盲從迷信毫無瓜葛，我們可以他為楷模，他的法相讓我印象深刻。我非常欣賞大悟者高貴的靈性，他那絕對科學的探究真我法門。
>
> 此法門完全不提及「上帝」。
>
> 無論此人相信古代或現代理論，都可用他所提出的自我分析了解真我。
>
> 大悟者雖緘默，但求道者可感受到他所發出的力量，助其修持。
>
> 大悟者是印度古代智者最後傳人，雙眼閃耀有如暗夜中的星星。我提醒自己，我從未見過這般的雙眸。照說，人眼可反映出神性力量，但事實上，只有智者做得到。

普拉納南達和尚

本名費德利克．孚雷徹，英國牛津人。精通數種歐洲語言，一戰時擔任軍隊指揮官。痛惡戰爭大規模的毀滅與喪失的人命，同阿育王一樣放棄軍旅生涯，擁抱佛教，內觀自省，甚至出家為僧。行腳遍及緬甸與西藏，與佛教僧侶共同居住。在緬甸郎古建立一座英語道場。

一九三二年，他在拉瑪那道場住了兩個月，親自聆聽薄伽梵之教誨。獲益匪淺，對薄伽梵十分敬重。回去後，他仍通信請益薄伽梵靈性事務。他也寫信給友人，盛讚薄伽梵神一般的特質。一九三三年五月廿八日《星期日快報》有篇他的文章，題為〈掌握生命靈藥之人〉。

芭絲葛琳．馬雷女士

芭絲葛琳．馬雷女士法國女士，著有《朝向東方》。還有一位喬依絲．希丁。兩人皆為文闡述拉瑪那之哲學。

查德威克

不能不提亞倫．維特沃斯．查德威克，本為少校，因厭倦戰爭暴力，轉而從哲學中尋求平靜。

他雲遊四方，在南美洲待了些時日靜坐。聽聞薄伽梵之事蹟，來到拉瑪那道場住下。他對薄伽梵虔誠無比。起初他經常繞行聖山，之後他覺聖山與薄伽梵並無分別，遂在薄伽梵所在的大殿繞行。他為道場出版英文書籍。

其他信徒

有好些西方信眾經常觀謁薄伽梵，其中幾位留在印度，宣揚薄伽梵之教誨，包括摩里斯．福里曼、寇恩、鄧肯．葛林利斯。

幾位德國學者聽聞薄伽梵之教誨，深感興趣。海德堡大學教授齊瑪博士即是其中一位，將〈我是誰〉、《真理詩頌四十則》、〈大師餐桌上的遺珠〉等作品譯為德文。德國情勢不穩後，移民英國，在牛津大學任職。

幾本與薄伽梵相關之著作被譯為法文。

歐格．佛貝．克普欽女士在瑞士名勝風景區阿斯柯納泰新建了座道場卡布里之家，以便靜坐，也慶祝薄伽梵誕辰。她一直希望拉瑪那道場能派人為此地上師，但拉瑪那道場志不在宣教。道場的立場，是求道者應直接體驗終極真相，而這只有靠個人親為方能辦到，演說並無助益。

37 臨在

拉瑪那的教誨傳遍世界各地。四方八方的求道者蜂擁前來觀謁薄伽梵，花時間與他相處。即便拉瑪那離開肉身後，訪客依然絡繹不絕。他究竟有何魅力？

有人是因前世業力，對拉瑪那有所依戀。一位信徒嘆道：「我們不知下一世會在何方，是否能再到您的跟前。」薄伽梵安慰他：「我們此世相逢，必是由於前世有所連結。而今生有緣，不也會有助於來世重逢嗎？」薄伽梵之恩典，首先顯現在吸引求道者前來。薄伽梵不就將哈利・迪克曼從遙遠的國度引領至此？

累世善行方能於此世親近薄伽梵，今世之服務不也會讓來世有更多福報？薄伽梵有言：「來此地者絕不會空手而回。依個人心識印記，會到更上一層。」

有些信眾說薄伽梵本人啟發他們前來道場。

一九三三年，一位馬哈拉斯塔的教師造訪道場。以下為他親身經驗。尊者在夢中對他說：「何不來拜訪我呢？」

「我不認識你。」他在夢中答。

「我是拉瑪那。」薄伽梵說。

沒聽過。我也不知道你住哪。」

「到馬德拉斯打聽。」

「我很窮。上那裡找錢旅行呢？」

「去問某某賽斯幫忙。」對話結束，教師醒了過來。

他不認識這位賽斯。但此事並不止於空談。隔天早上在往學校的路上，他看到這位賽斯獨坐在珠寶店內。他走進店裡，告訴賽斯他的夢境。這位賽斯聽過拉瑪那，但不知這位大成就者的所在。他什麼也沒說，就將所需金額交給教師。後者便啟程前往阿魯那佳拉。整件事有如上主親自顯靈。

有些人飽受俗世折磨，前來尋求慰藉與平和。

一位美國女士問薄伽梵：「人可以自殺嗎？」

薄伽梵答：「假如妳有勇氣，請便。但妳又怎能殺死真我？妳或許能殺死肉身，但真我不死。殺死肉身又有何用？妳下輩子或許會得到殘缺的肉身。有肉身，方能親證天堂及地獄。此外，經典說來世取決於死時之念頭。假若妳死時想的是惡魔，便可能轉世成惡魔。轉世為人不是比較好嗎？因此，即便妳放棄肉身，仍無法避免與此肉身有關之折磨。最好的辦法，就是盡滅所有將自我等同於真我的念頭。」

參訪拉瑪那道場讓某些人心滿意足，讓某些人吹噓。近年來，許多印度地方國王經常拜訪道場；這也讓拜訪道場在權貴間成了階級象徵。

有些人將參訪道場視為朝聖。最近有位美國女士遠從美國而來，在道場只待了幾個小時，是日傍晚便離去。薄伽梵評論道：「你們注意到她的虔誠嗎？僅僅觀謁便讓她非常滿足！」

有些人參訪道場，以展現自身宗教信仰之優越。一位穆斯林前來與薄伽梵辯論，薄伽梵十分有耐心地回答他的問題。他問薄伽梵道：「神有形象嗎？」

薄伽梵道：「誰說神有形象？」

客問：「賦與神形象，膜拜祂，妥當嗎？」

薄伽梵又問：「先不談神。你有形象嗎？」

客答：「當然，你也看到了。但我不是神。」

薄伽梵說：「你是說，你就是這個血肉之軀。」

客答：「似乎是這樣。」

薄伽梵反問道：「你會這麼說，是因為你現在能看到這個血肉之軀。但你睡覺時就看不到那你究竟是不是這個血肉之軀呢？」

客答：「我還是。我睡覺前、睡覺後，都看到這個肉身。」

薄伽梵問：「死的時候會發生什麼事呢？」

客答：「我死了，被埋葬了。」

薄伽梵問：「你可以接受自己被埋起來嗎？為什麼這個肉身不會站起來，抗議自己被埋葬呢？」

客答：「那，我不是這個肉身，我是身軀中的生命。」

薄伽梵說：「但你剛才認為你就是這個肉身，你有形象。此無知不除，因此會有神是否有形象之議。當你能體驗到這無形無相之『我』時，便能崇拜無形無相之神。」

有一回，一位天主教傳教士向薄伽梵宣揚其宗教。薄伽梵什麼也沒說，查德威克則是大聲反駁傳教士對聖經的評論，終結了這位訪客的宣教任務。

這些傳教者僅嚐到煉糖所剩之糖渣，無法親嚐甘蔗之甜美。有修為者必能感受到大殿上的寧靜祥和，化解其波濤的情緒。之前已提過韓福瑞及保羅．布倫頓等人所感受到的平靜波流。事實上，這也是一般人對薄伽梵恩典之初體驗。

情緒消退，內心平靜後，在薄伽梵面前，求道者心中原有關於靈性的疑問，也消失殆盡。有些人甚至無須將疑問說出口。一位來自內羅爾之律師來拜訪薄伽梵，將疑問先條列在紙上，只是到了薄伽梵跟前，卻一個字也說不出。薄伽梵對他充滿慈祥恩典，說：「你請問。」

又有一件神奇的故事。一位受過良好教育的尼泊爾地主，與一位士兵僕人，一同造訪道場。地主坐在辦公室前，練習等下要問薄伽梵的問題。這時僕人跑到薄伽梵跟前，用自己的母語說了這些問題。薄伽梵看著他，沉默不語。僕人跑去告訴主人薄伽梵的回答，說：「薄伽梵是這麼說的。」地主聽了十分詫異，問道：「薄伽梵聽得懂我們的語言？」他決心弄清楚，便前去問薄伽梵是否熟悉其母語。大殿上在場人士大笑，一位信徒告訴他，薄伽梵總是沉默不語，但這些答覆是來自沉默本身，這是薄伽梵傳道的方式之一。此「不言之教」類似於南面神濕婆教導弟子的方法。

早年並無在薄伽梵面前朗誦吠陀經之慣例。因某些原因，開始這麼做，也開始了一個新的階段。體驗過之前不言之教的人，必能指出兩者之別。傍晚，特別是日落時分，在之前是完全靜默的。可說是個體意識與大宇宙梵交會的時刻！

靜默有時會被機智對話打斷，有時是有人反覆向薄伽梵提出不重要的問題。為什麼要這麼做，原因不明，或許是要炫耀他們屬於薄伽梵圈內人，或許是想要直接從薄伽梵處得到權威性的答案。有些人是問書中所記載的薄伽梵生平；有些是問自己塵世的人生；也有人想炫耀自己的學識淵博；有人在薄伽梵面前展現音樂才華，或許他們以為這也是種服務。

加納帕提．慕尼曾告誡弟子臨在的重要與力量，他說：「阿魯那佳拉本身是火之聖地。此處泉水會讓身體發熱。此地乾燥炎熱，地勢高。薄伽梵是火之化身，在他面前即是在火焰中。在薄伽梵面前持咒，內心會有無法忍受之燒灼感。在聖地之作為，其結果必會被放大。在薄伽梵面前之作為也是如此。持咒時要小心。」

在薄伽梵跟前，個人轉化快速猛烈。根性好的人，會為薄伽梵所吸引，其轉化也十分快速。這是薄伽梵恩典的結果。

薄伽梵沉默時所展現的恩典，言語難以形容。看著他的雙眼，會發現他對周遭世界是多麼地無動於衷，也會感受到他所散發出的寧靜波流。信眾有許多不同的體驗——影像、聲音、甚至能體驗那無名無相之狀態，此皆源自薄伽梵臨在之力量。多數時候，這些純粹全是個人經驗，沒什麼好說的。有些人，如保羅．布倫頓，則寫下其個人經驗。

為何並非每個人皆能有此體驗呢？簡言之，這與個人根性有關。據說，慕尼說過，若信徒尚未斷絕一切家屬關係，不應坐在薄伽梵正對面。我們無法確知慕尼是否曾出此言，但有幾位見過薄伽梵之男士失去了妻子，也有許多人失去了近親，因此斬斷他們的執著。這也是薄伽梵之恩典。

很少有直接透過眼神交會傳達恩典的例子。靜默時，薄伽梵的眼神只會很短暫停留在某些信徒身上，受薄伽梵觀視者因而得到巨大的力量。有時，薄伽梵會將此力量集中在某人身上。在回答信徒問題前，薄伽梵有時會仔細盯著他瞧。信徒會覺得薄伽梵似乎只用一隻眼睛看他，薄伽梵的眼睛會射出有如標槍般的光，看穿信徒。換言之，薄伽梵會檢視信徒之內在，再給予答覆。他的眼神有如黑暗中閃電，其恩典移除我們所有靈性修持上的障礙，可繼續修持。此可謂其最大的恩典，也可說是「凝視啟蒙」，較手觸或開示更強大。此即是「上師啟蒙」。有些人，包括馬哈拉斯塔的庫卡尼，聲稱他們是以手觸啟蒙的。

信眾從薄伽梵沉默臨在所得之利益，遠勝於言語開示。但正如薄伽梵所言，臨在本身並無法給予解脫。一位信徒曾問：「若說親炙上師就足以解脫，我們又何需努力？」薄伽梵答：「是嗎？這大殿的牆和屋頂還在這裡呢，它們不是早該解脫了嗎？」薄伽梵的意思是，求道者本身也需努力方能得到解脫。薄伽梵也說，上師恩典僅在靈性修持的最後階段起作用。雖然對處在修持最後階段的修行者而言，此塵世已不具吸引力，但由於仍有欲望，無法體驗真我。此階段藉由上師之恩典（事實上即是阿特曼之恩典），賜予修行者終極真相之體驗。《卡塔奧義書》也有類似陳述。薄伽梵說，只有這樣的上師可被稱為「至上上師」，轉瞬間便能與人如此恩典。

以上，我們可知薄伽梵肉身臨在即是他最大的恩典。由此肉身散發出的燦爛平靜波流，為眾生帶來無比利益。但我們仍不知這些波動是薄伽梵有意識地散發的，或是自然流露的。但結果因信徒的今世業報而有所不同。有些人僅是肉身接觸到薄伽梵主動發出的波動，便有很好的結果。這是薄伽梵展現恩典的方式之一。

薄伽梵說，原靈成就者周圍圍繞著許多靈體，所有一切都是這些靈體去辦到的。但在某些特殊情況下，薄伽梵本人以願力賜予恩典。

孫德雷薩．艾耶曾寫下一段歌詞：「從薄伽梵流出的恩典。」薄伽梵予以修正：「不是這樣的，應該是『薄伽梵讓恩典流出』。」但我們又怎知薄伽梵何時主動賜予恩典呢？許多人只是在薄伽梵跟前，數種疾病便能痊癒。薄伽梵身邊所有發生的事，皆是根據其力量，沒有矛盾或不和諧。因此所有的矛盾皆會被糾正，包括生理上的不平衡，因此疾病會被治癒（如羅摩史瓦米．艾耶）。許多人證實，在拉瑪那道場時，健康改善，消化力增強，這是在其他地方不曾有過的經驗。薄伽梵臨在的力量甚至及於土地。

以上對求道者而言有意義，但多數對薄伽梵百無禁忌的孩童、松鼠、孔雀、狗、目不識丁的人，對這些哲理一點也不感興趣。對他們而言，薄伽梵是他們可徜徉其間的喜悅之洋。又有誰能形容那令人著迷的笑容，或燦爛的眼神？只有親身體驗方能了解，非言語所能形容。

此臨在有如濕婆．香卡拉之住所凱拉薩。

38 傳道的方式

有人問薄伽梵：「您為何不像商羯羅等人一樣，去各地引領大家走上正確的道路呢？」

薄伽梵答：「以肉身示現即是大成就者之恩典。即便他們沉默不語，其苦行力量仍會散發出祥和寧靜的波流。」

此提問之出發點本身即是不正確的。聖者降生於世，自有其目的，不容任何分心阻礙。大悟者常駐真我，是為了昭示實證體驗較書本知識更為重要。想獲得實證體驗之欲望，緣於個人心識印記；若本身無此欲望，旁人鼓舞也是徒然。再者，沉默開示是最好的。其精細力量能觸及求道者的精細部分，影響其心識印記。又何必尋求不精細的言語開示呢？

另一回，有人有類似疑問，薄伽梵答：「你若請電風扇發光，它辦不到。若是請電燈送出微風，也是類似的結果。」薄伽梵之意，是每個人都要扮演特定的角色。

「我若去不同的地方見信眾，途中得休息數次，會花很久的時間。」薄伽梵說。一位少女懇求薄伽梵訪問其家鄉，薄伽梵答：「我若是去了妳那裡，來這裡的信眾豈不會失望嗎？他們也會想要帶我去他們的家鄉吧？」

並非每個人都想得解脫。一些人因充滿憂傷來找薄伽梵。因紅塵俗務或健康因素前來尋求薄伽梵庇護者，開示又有何用？但即便如此，他們仍從薄伽梵處得到些許平靜。有些人前來炫耀其學識，這時薄伽梵便會保持緘默。正如秋天的雲朵，不含水分卻會有雷電，這些人滔滔不絕一陣子後，便自行離去。

事實上，薄伽梵數度評論學者對經典多有曲解。有許多支持一元不二論的說法，被曲解為支持毗濕奴派。舉例來說，納馬瓦有言：「上主啊！不知您真正的本質前，我以為您和我有所不同。但了解您之後，只有您存在。」薄伽梵說，此言明白是支持一元不二論，但論者卻有錯誤解釋。

有些人懶得研讀經典。他們前來詢問薄伽梵的問題，在所有的基本經典中都已提供解答。但他們想要直接從薄伽梵得到答案，薄伽梵也非常耐心地回答。另有一些信徒詢問書中的一些論點，薄伽梵總能給予清楚明白的答覆。還有人因其世俗之欲望，不想進行任何討論，即便修習數種靜坐，仍沒什麼進步。除非欲望能減少，任何靈性提問都是枉然。但得經過多少世才能盡滅這些欲望呢？薄伽梵要信徒不要因此氣餒。在他看來，獲得真知便能不被欲望所控制。只有常駐真我，方能真正達到無執著、盡滅欲望。常有人問，是否需要具備一定程度的無執著，才能進行探究真我。我們可由薄伽梵對納塔那南達之答覆，明白他的看法：「若你真的不夠資格，那尋訪大成就者之欲望又是從何而來的呢？」換言之，具備靈性渴望便能探究真我，探究真我也能成就無執著。

所有的求道者皆需達到無執著之境，但薄伽梵從未說過我們需要不停地對抗欲望。他說：「被鳥巢纏住的鳥兒若是掙扎，只會愈陷愈深。不要理會欲望。人有各種欲望，包括不好的欲望。此時運用否定法，或依循探究真我法門，自問：『這是誰的欲望？』便能根除不好的欲望，其他連帶的欲望也會一起消滅。」

羅摩克里虛那尊者將其髮妻視為宇宙之母，因此不為欲望所限。同理，一旦嘗過薄伽梵之名的甜美，又有誰會想要尋求其他事物之甜美呢？

薄伽梵的教誨很簡單：將注意力完全放在真我（阿特曼）上。沒有人會懷疑此方法之有效性。幾位信徒在經過漫長徒勞的掙扎後，臣服於薄伽梵，走出泥沼。

薄伽梵說，持咒、火供、親炙上師、與大成就者為伍、紀律，皆有助於強化無執著。但需謹記這些是方法，而非目的，要有所節制，勿阻礙探究真我。

一些人因家庭因素，生起出家之念，來到道場。他們認為薄伽梵自己也離家，因此出家之念並無不妥。納塔那南達即是其中之一，薄伽梵不鼓勵他出家。有位信徒認為自己沒有薄伽梵之恩典，欲了結生命，至道場進行最後一次觀謁。當時薄伽梵正對其他人說：「你可曾注意到要拿葉子當盤子要花多少功夫啊。得先收集葉子，曬乾小片竹子或其他樹木，清洗葉子，再串在一起。這麼多工夫，你當然不會馬上把它丟了吧？你只有在吃過飯後，才會把葉子丟掉。」薄伽梵的開示是，要在經歷所有該經歷過之事後，肉身方能被拋棄。

薄伽梵明白，依個人靈性開展及欲望之不同，人生的目標也不同，因此在某些特例，薄伽梵會同意膜拜有形相的神。這也讓夏克提崇拜者誤以為薄伽梵和他們一樣，是同道中人。毗濕奴派認為，薄伽梵之開示與其信仰並無不同。同理，基督徒也相信薄伽梵之教誨與其陣營無異。一般來說，若此人已有其依尋之法門，薄伽梵絕不會要他拋棄原有的法門。薄伽梵認為無論法門為何，最終皆會來到探問無形無相之本體的階段。他讓人想到一條格言：「依此人觀點行事，便能掌握他。」

薄伽梵不鼓勵持不同信仰者互相爭執。只要崇拜的是有形象之神，爭執便無法避免。

一九二五年，知名聖樂歌手瓦里馬萊．穆魯剛與一群律師前來拜訪薄伽梵。穆魯剛唱起詩人阿魯那吉里納薩讚頌蘇布拉曼亞之作時，表情豐富，音色優美，但卻不解其義。同行之人也都熟知歌詞。薄伽梵向他解釋歌詞之涵義。這是穆魯剛第一次聽聞歌詞之義，他很快就在蒂魯普加斯成了這方面的專家，給予演說。因此薄伽梵幫助他崇拜有形象之神。其中一位律師問機械式地唱誦〈蓋亞曲神咒〉是否有效。薄伽梵答：「機械式地唱誦也是有幫助。特別是在唱誦最後一句梵咒時，『向宇宙之眼薩維塔致意』，可以觀想薩維塔。」

觀想宇宙至上大力之化身，臣服於祂，非常有益。至上大力知曉什麼對觀想者有益，據之給予。不斷觀想此無所不在之形象，最終會讓此形象消失，達到膜拜無形無相之本體的境地。

一回，從戈拉克普來的朝聖團拜訪薄伽梵。領隊問：「您是位真知者，聲稱您就是一切。我們是虔愛奉神者，認為自己與至上之在有所不同。請問這兩種觀點有任何共通之處嗎？」薄伽梵答：「言語不同，但發生的事是一樣的。你持上主之名，日益增強，直到形相盡滅，只存上主之名。達到此境地前，你的目標即是你膜拜之形象。在所有事物中皆能見此形象，是一大進步。此時『一切皆是毗濕奴』，『一切』也包含膜拜者。下一步，則是只見毗濕奴。再下一個階段，則只有燦爛光輝。光輝之上，則是創始聲音。再其上，則是空。之後再談其上為何，以及多元法界何在。你說你的目標是毗濕奴，放眼所及皆是毗濕奴之名即是成就。此聖名是我們心中之念頭。換言之，你在持聖名時，聖名是以念頭的形式出現。最終要達到的是只有單一念頭。我稱之為『我在』。名字如毗濕奴等，仍描述了一些特質，而『我在』則不帶有任何特質。」

克里虛那．畢克修問薄伽梵：「薄伽梵，從前我在靜坐時會見到您的形象。但現在卻看不到了。」薄伽梵答：「至少你還記得我的名字吧？」

「那當然。」

「名字是超越形象的。」薄伽梵說。

一位毗濕奴信徒十分恭敬地問薄伽梵：「薄伽梵，真理是一元的？還是二元的？」

薄伽梵反問：「你是指現在，還是不再有紅塵俗世的階段？」

「現在。」

「當下，你我都非常真實地在這裡。」

「世界消融之後會發生什麼事呢？」

「消融到哪裡去了呢？」

「融入宇宙意識。」

「消融之後，不就沒有這個紅塵俗世了嗎？宇宙意識是唯一的。」

「我們要怎樣才能得此體驗？」

「你熟睡時是什麼感覺呢？當中沒有此紅塵俗世，你是獨自一人？還是有兩個、三個人？」薄伽梵問。

這位訪客沒有回答。

有些人膜拜至上意識轉世，如羅摩尊者。有些人膜拜至上大力，其力量會流入信徒心中，使其心靈與至上大力合而為一。薄伽梵曾闡明，是至上大力給予求道者力量，使他能觀想無形無相之本體。薄伽梵在了解門徒的偏好與目標後，會分別建議他們適當的靜坐梵咒。

關於持咒，薄伽梵告訴加納帕提．慕尼說：「〈靈性教導〉中提到持咒。持咒有不同的方法：從劣到優，有大聲持咒、低聲持咒、心中默念。將注意力集中在持咒者身上，則稱為『反持咒』。」

關於膜拜有形象的至上，薄伽梵與過去的靈性導師一樣，認可虔愛拜神，也認為不間斷地靜坐，較間歇性地靜坐為佳。

正如同《薄伽梵歌》，薄伽梵在《拉瑪那之歌》中也詳述了養氣法。但薄伽梵強調，無論方法為何，最重要的是要了悟真我。

薄伽梵依據每位求道者的欲望，以其恩典幫助他。對薄伽梵而言，所有的靜坐鍛鍊都是一樣好的。根據門徒本性給予不同的開示，又有什麼關係呢？

瑜伽鍛鍊者能見不同形狀顏色之燦爛光輝，也能見目標神祇之形象，聽見各種聲音。許多求道者也見到薄伽梵以光輝燦爛之法相出現。

寡婦桑塔瑪自拉瑪那塔普朗前來侍奉薄伽梵。她非常虔誠地膜拜薄伽梵相片，清醒時也總是觀想薄伽梵。她自然也在夢中見到薄伽梵。有時，無論睜眼或閉眼，她皆見到薄伽梵以光輝燦爛之法相出現，她有如身在阿魯那佳拉。她告訴薄伽梵這些體驗，薄伽梵說這些都不重要，只有了悟真我才是真正要緊的。我們在清醒時所見之模糊形象，在夢中時精細力量可見其精細形象，但凡此皆是客體，非真正重要的主體。薄伽梵強調，為這些體驗高興，十分不智。神通法力也是如此，我們之後會談到。

我們無須細究薄伽梵的開示。他的一生即是他的開示及模範。但即便薄伽梵用許多方式幫助信徒，仍有人不甚滿足，他們想被別人當作薄伽梵的弟子，但薄伽梵從未啟蒙任何人，也從不收弟子。得其恩典便已足夠，他也總是透過臨在或眼神幫助信眾走在靈性的道路上。查德威克問薄伽梵，他是否從不以手觸啟蒙，也不接受某些人成為其弟子。薄伽梵答：「何必要如此大動作呢？沒有手觸，你就不覺得被接受了嗎？」事實上，每個人內心皆知其是否有被接受，但無人能聲稱其為薄伽梵之弟子，或宣稱其言即是薄伽梵之觀點。

信徒會互相討論《真理詩頌四十則》，予以不同詮釋，但無法達成任何共識。於是他們請薄伽梵釋疑。薄伽梵只說：「這些文字背後沒有特別的意念，諸位的詮釋皆可成立。」事實上，每個人皆以其因果業力理解這些文字，得到不同利益。即便給予其他教導，也不會有幫助。一回兩位信徒有不同的解釋，竟然在一本期刊上繼續他們的爭論！

一般都認為，「開示」是指給予梵咒、觸碰手或頭部。薄伽梵從未有這些舉動。有些人的確夢見薄伽梵碰觸他們，這或許是因為開示是非常私密的。啟蒙也可透過影像，如納塔那南達；或透過視覺，像加納帕提・慕尼；或碰觸頭部，如羅摩史瓦米・艾耶及一位年輕的馬哈拉斯塔女士。許多虔誠信徒告訴我們，薄伽梵在其夢中給予開示。

提出對經典之疑問，可由薄伽梵處得到可利益眾生的答覆。有時即便沒有明言這些疑問，答覆也會透過其他管道出現。

薄伽梵曾多次以簡短聲明的方式給予開示。一回，有位年輕女孩在大殿上不斷從一個窗戶移到另一個窗戶。每回她移動時，薄伽梵都會問她在做什麼，女孩答：「沒什麼。」薄伽梵說：「這女孩知道，她的肉身移動，但她並沒有移動。大人不懂。」

一位信徒曾說：「薄伽梵，您什麼都沒做。把您的力量給我，我會為世界做出許多貢獻。」「是嗎？」薄伽梵轉向大家說：「這人連自己溫飽都有問題，卻想開個慈善安養院！」薄伽梵對韓福瑞也有相同的答覆。

一位紳士手中拿著報紙，問薄伽梵：「有言真我無所不在，但我都看不到。它到底在哪？」

「你看得見報上的文字，卻不見紙張。但你能說紙張不存在嗎？」

一回在打飯時，打飯員將飯菜掉在某人腳上。薄伽梵見狀說：「有人拿起舀杓時，覺得自己很偉大，但他們不知誰才是真正偉大的人。」

一位門徒問當時在史堪德道場的薄伽梵，「什麼是無欲望的作為？」薄伽梵沉默不語。不久，他在提問者等人的陪同下，外出散步。他剪下一截樹枝，花了一個小時將它做成一根很好的拐杖。這時一位年長的牧羊人走來，他沒有拐杖，步伐緩慢艱難。薄伽梵把剛做好的拐杖給他，說：「一項作為已經結束了，無欲望之作為也結束了。」薄伽梵親身示範此言之義。

薄伽梵之話語皆是開示。但是否能理解，有賴聽者。

薄伽梵的行為皆是完美，其日常處世可為眾人楷模。

39 每日作息

一位信徒問薄伽梵：「尊者，您會睡覺嗎？」

薄伽梵問：「我現在是醒著嗎？」

信徒答：「是啊，不然怎麼會說話？」

薄伽梵問：「假如一個人是醒著，這是說他從睡夢中醒過來，不是嗎？」

另一個疑問是，已超越三界之人為何需要深沉睡眠。薄伽梵的答覆是：「睡著與醒轉的是肉身，真我永遠在見證所有的行為。」

維卡特史瓦瑞．沙瑪曾問：「薄伽梵做出這麼多行動，卻說他什麼都沒做。這怎麼可能？」

薄伽梵：「假如告訴你，你就能理解嗎？你想想吧。」

薄伽梵之後繼續說：「沒有自我感之人所做的行為，並非出於自己的意志，而只有其他人能察覺此行為。」

我們在理解薄伽梵之每日作息時，必須謹記以上這點。此章僅是描述在其臨在下所發生之事。

早年當道場規模不大時，薄伽梵無事不與。薄伽梵每日清晨兩點半或三點起床，盥洗便至廚房和門徒一同切菜，準備早餐及蒸米糕之配菜。薄伽梵總是強調勞動的尊貴，也教授門徒烹調技巧。他甚至說不精通廚藝，不算是受過教育！

大殿之門於清晨五點左右開啟，要前往幾處聖泉沐浴、或繞行聖山的門徒，會進來禮拜薄伽梵。吠陀學者會朗誦奧義書。

有些人會靜坐，有些人唱誦慕魯加拿之讚歌。塔努馬撒月（陽曆的十二月至一月間）期間，會唱誦安達爾之〈蒂魯帕瓦〉。吠陀學校的學生五點半會來朗誦〈拉瑪那尊者四十句〉以及《泰提利亞奧億書》。前一晚住在鎮上的女性信徒會於此時到達（道場不允許女性過夜）。

薄伽梵在六點半沐浴，之後到飯廳用早餐。完畢，他會往山中走，道場成員則開始各種工作，如從花園中採集花朵、編成花圈；從庫房拿出各種食物，整理預備烹調；開始煮飯；或照顧牛棚中的牛隻。有些到道場辦公室或圖書館工作。在吠陀學校者，其職責是於母親神廟、史堪德、象頭神、薄伽梵畫像前，每日三次供奉。特殊節日時也會有特別的供奉禮。

八點，薄伽梵會回到沙發上。信眾、訪客及門徒也會在此集結，通常安靜地靜坐。但視薄伽梵為神者，會朗誦自己所寫的讚歌，或出示自己的詩歌給薄伽梵。他們也會唱歌，而其他人會問薄伽梵各種家庭問題！

有些人到道場只為爭辯、炫燿學識。這時薄伽梵通常沉默不語，除非有特別對他提問。一位神智論者曾問薄伽梵：「聽說偉大的靈魂是看不見的，我要怎樣看到這些靈魂呢？」

薄伽梵問：「你要如何看見看不見的東西？」

客答：「靠真知。」

薄伽梵說：「對真知者而言，沒有『其他』這件事。」

一位道場成員曾對薄伽梵說：「您說這世界是虛幻的，我們不這麼認為。我們之間的不同僅止於此嗎？」

薄伽梵說：「不是這樣的。我們說只有真我才是真實的，而這個世界皆是真我。若說這個世界、真我、上主是真相，你只將三分之一的真相給上主。」

一位基督徒傳教士問薄伽梵說：「上主是個人嗎？」

薄伽梵答：「是的，祂是最初的那一人，名為『我在』。你若重視此紅塵俗世，祂不僅連第二重要的人都稱不上，只能算是第三個人。根據聖經，祂告訴摩西其名為『我存在』。」

有幾次訪客在與薄伽梵交談時踰矩，打擾了至薄伽梵跟前靜坐或探究真我者。薄伽梵之臨在有助於後者之修行，其中一些馬上就有所感受。但為何有人會踰矩呢？薄伽梵之至上大力翻攪出某些訪客心中的潛在習性，在至上大力的三質性（悅性、動性、惰性）的強化下，表現出不敬的行為。

一些人忙於處理薄伽梵的作品，而薄伽梵也會給予幫助。早年薄伽梵會親自抄錄、校對、裝訂。

薄伽梵的和善眾所週知，對不幸之人有無比關懷，越是不幸之訪客，他越關心。他給嬰孩之微笑，遠比給學者的溫暖。他對目不識丁者之答覆，也比對學者更有啟發。對窮人比對婦人更為溫暖。

資深信徒及了解薄伽梵之人，對參謁薄伽梵有所遲疑。但新訪客會直接走向薄伽梵，薄伽梵也會以微笑歡迎。

碰觸薄伽梵是不被允許的，但松鼠及鴿子不在此限，他們會坐在其膝上。薄伽梵會輕拍牛、小狗。他非常高興從孩子那收到書、玩具、薄荷，遠勝於學者帶來的學術作品。

早上九點前，毛尼會送來當日的郵件。薄伽梵會看信件直到十一點，之後用午餐。一直到下午兩點，不會有訪客打擾他。此時薄伽梵會瀏覽報紙或小憩。

之後大殿會一如往常擠滿了人。慈善家及詩人會開始講話，虔愛拜神者吟唱，學者進行哲學討論。薄伽梵則完全靜默。有人問薄伽梵如何在此情況下保持沉默，答：「若你只注意基音，不注意其他音符，心靈又怎能浸潤在樂音中呢？」又說：「你若專注在真我上，便不會分心。」

之後薄伽梵會著手回信。毛尼會準備好答覆示與薄伽梵，薄伽梵仔細看過後，做必要的更正。

下午四點半左右，薄伽梵會在阿魯那佳拉散步。

下午五點半開始靜坐，門徒皆熱切期盼這一刻。寧靜的氛圍無所不在。夜色環繞著阿魯那佳拉，有如生命被無知所蔽。不久，吠陀學校的學生會來唱誦〈盧爪經〉、〈上主讚歌〉、〈尊者讚歌〉、〈教導精義〉。歌聲傳至山腳下。之後靜默半小時，接著開始朗誦薄伽梵的作品。此時母親神廟之供奉也會結束。之後女性用晚餐，回到鎮上過夜。

晚餐後大約八點半，門徒會集結在薄伽梵身邊。眾人皆十分輕鬆。一會兒，眾人會向薄伽梵行大拜禮後離去。大殿之門會關上。這是正常的每日作息。

一年中有三個特別的日子。數以千計的訪客聚在道場，眾人皆得領食。這三天是克里提凱節、拉瑪那誕辰、母親神廟的大供奉日。我們已談過克里提凱節。拉瑪那誕辰是阿德拉達饗日的隔天。一九一二年，當薄伽梵在維魯巴沙洞屋時，甘布倫．謝夏雅開始慶祝其誕辰。薄伽梵並不贊同此舉，為此寫了兩首坦米爾詩。

一

想慶祝生日者，先探問出生者是誰。真正的生日，是進入永恆本體的時刻。永恆本體永遠光輝燦爛，無生無死。

二

在所有的日子中，生日那天應哀悼陷入輪迴之中。慶祝生日，有如妝點榮耀屍體的慶典。追尋真我，與之融合，方為明智之舉。

——摘錄自《拉瑪那尊者著作合輯》

但門徒堅持慶祝誕辰對他們有益，感激薄伽梵降生於他們之中，帶來昇華。在他們堅持下，薄伽梵便由他們去了。自此之後，直至今日大家仍熱烈慶祝薄伽梵誕辰。

薄伽梵在世時，慶祝方式大約如下。

母親神廟對面的大殿會裝飾好。神廟上之供奉開始時，薄伽梵會前來，坐到沙發上。眾人演奏納達斯瓦朗等樂器，獻給薄伽梵阿提。之後信徒會對薄伽梵行大拜禮。大約十一點，會分與窮人食物，為信徒舉辦的盛宴會開始。分與窮人食物會持續到下午三點。被供奉於母親神廟的母親，特別歡喜為窮人發放食物。

道場另一重要慶祝活動，是紀念母親圓寂之大供奉日。

道場所有活動，均是獻給淨化心靈、賜予解脫之上主。道場人員也相信，所有行動應是無所求的，正如大喊「食物」無法止飢，付諸行動比話語更為重要。只要不質疑靈性修持，一切自會隨著時間而圓滿；在此求道路上沒有所謂的里程碑。無欲望之行動與不懈的鍛鍊，會讓每日生活聖潔無暇。

眾人皆沉睡之際，薄伽梵會在道場走動。或許這位父親在孩子熟睡時，也想保護他們！

40 離開肉身

耶夏摩

一九四五年十二月二十七日傍晚，薄伽梵為燦爛光環所繞，令人無法直視。通常是在誕辰日及大供奉日、門徒對其行大拜禮時，薄伽梵才會如此。但這天並非特殊日子，門徒皆忖度為何如此。

當晚耶夏摩融入薄伽梵。或許因為這樣，薄伽梵的光芒更為燦爛。許多人甚至不知耶夏摩病倒，不過也有人注意到，她這兩三天都沒有為薄伽梵取食。

次日約十點，羅卡瑪告知薄伽梵耶夏摩往生的消息。薄伽梵大聲說：「是的。我也想離開，但時候未到。」語重心長。聽聞此言者皆十分困惑，自問：「難道這是一切結束的開端嗎？否則薄伽梵為何出此言？」

一直到傍晚時分，薄伽梵才平復。他問耶夏摩的喪禮是如何舉行的。他們告訴他，她的屍體已火化。隨後骨灰被送回她的家鄉，上頭種了聖羅勒。

克里虛那將往生之際，梵天及其他神祇來找祂：「你這個轉世的任務已完成，該是回去的時候了。」克里虛那答：「我還有一點工作，得幫助不能自助助人的亞達瓦人。」或許薄伽梵也想在離開人世前，將親近他者送上天國。

耶夏摩到最後非常虛弱，但仍堅持侍奉薄伽梵。薄伽梵勸她道：「從前我們沒有足夠的食物，但現在已經好多了。妳別再侍奉我，來這裡和我們一起用餐吧。」但她不從，而為了讓她高興，薄伽梵會品嚐一些她拿來的食物，他會等到耶夏摩侍奉完，才會前往飯廳。她往生後，其親屬如從前般送食物給薄伽梵，但薄伽梵不允許，這是耶夏摩的特權！她往生後，據說，薄伽梵說：「我還得照顧穆達利爾老奶奶呢。」

瑪德瓦．史瓦米

下一個往生的是瑪德瓦．史瓦米。這位非常安靜的馬拉亞里人，在拉瑪那道場創建五六年後，從帕加附近之村莊前來，侍奉薄伽梵無微不至。這位單身漢對薄伽梵的虔誠及關注無人能及。薄伽梵走到哪，瑪德瓦．史瓦米必跟在後面捧著一碗水。

出人意料，虔誠如他，全身慢慢有種不知名的灼燒感。或許他的肉身無法承受薄伽梵強大的力量。他不理會薄伽梵之建議，自行離開道場，雲遊四方。卻無法找到平靜。

原本在道場沉浸於喜悅中的瑪德瓦．史瓦米，而今滿是憂傷。最後在一九四六年七月加入昆跋寇南一處神廟。他希望能在死前回到阿魯那佳拉，但害怕不會被允許離開，有所遲疑。往生前，他感染下痢。之後他以蓮花坐姿，在一九四六年七月七日嚥下最後一口氣。庫恩猶史瓦米由拉瑪那道場前來為他主持喪禮。

瑪德瓦得到許多祝福，幾乎是薄伽梵的影子，為何會離開薄伽梵呢？為何會在他處往生呢？據說曾侍奉過原靈成就者，其靈魂對大成就者會有所執著，若離開，其肉身無法久存。類似的例子，是奧羅賓多尊者之妻；即便再三請求，她也不肯前往朋迪切里。奧羅賓多尊者遷居朋迪切里不久後，她便往生。原靈成就者（悉達普魯夏）吸引力強大，肉身面對此力量，自然會消隕。

拉瑪那達．布拉瑪恰理

他在薄伽梵於維魯巴沙洞屋之後期來到。單身，有教養，通曉坦米爾文學。瘦弱，面容醜陋，十分貧窮。乍看難以辨其德性。之前在鎮上某人家中供奉神明、用餐。他買不起拖鞋，大熱天，便以麻布包腳走在路上，因此走路姿態怪異。薄伽梵開玩笑說：「拉瑪那達，人家看你走路，會說你在取笑我走路的樣子。」後來他生病，前往馬德拉斯治療，一九四六年十二月十九日在那裡往生。

拉瑪那達是位優秀的詩人，其詩集題為《拉瑪那教誨》。歌曲〈蒂魯丘立之神〉為上乘之作，曲中包含他的演說內容：是晚他在薄伽梵面前，花三小時闡述祁丹巴蘭之那塔拉雅與薄伽梵之相似處。歌詞說：「見到蒂魯丘立之上主，我無法離開。上主為幫助苦難大家而來，在祁丹巴蘭跳舞。祂佇足阿魯那佳拉的維魯巴沙洞屋，是慈悲之洋。在那裡，他是上主之化身。」拉瑪那達在此歌中，經常以「安達瓦」（指上主）稱薄伽梵，故自己被暱稱為「安達瓦」。

拉西米

下一個離開薄伽梵的，是於一九四八年往生的母牛拉西米。我們已提過薄伽梵對她的慈愛。她住在道場超過二十年。經歷短暫病痛後，於一九四八年六月十八日解脫。是日早晨，薄伽梵於九點四十五分訪視牛棚，坐在拉西米身邊，將她的頭放到膝上。他輕撫其身體，稱她是「母親」、「親愛的」、「我的寶貝」。拉西米在下午嚥下最後一口氣。

傍晚大約六點半，牛車載她的屍體到薄伽梵經常坐著的大殿北側一處地方，舉行喪禮。在薄伽梵之臨在前，婆羅門學者朗誦不同的梵咒行灌頂。薄伽梵以光榮的語調談論拉西米，說她上輩子或許是個好修行人，因此此世來到道場得到解脫。他曾對人說：「我們把拉西米當作是母親一般侍奉。」眾人將拉西米的身體塗上薑黃及檀香，頭戴茉莉花圈，頸部圍上紅布。最後在她面前舞動樟腦油燈，然後下葬。

依照印度南方傳統，偉大的苦行者過世時，會寫銘文刻在墓碑上。薄伽梵親自以坦米爾語為拉西米寫下銘文，提到她已得證解脫。因此有人認為薄伽梵賜予拉西米解脫。聽說達瓦拉吉．穆達利爾曾問及薄伽梵此事，當時薄伽梵正闡釋「維慕克提」（*vimukti*）即是「慕克提」（解脫）。薄伽梵從未對任何人否認此事。

根據《羅摩衍那》，羅摩尊者賜予烏兒加塔宇解脫。他說：「帶著我的祝福，你會去到偉大虔誠靈魂所至、受到祝福的域界。」或許拉西米也踏上了同樣的旅程。

銘文是這麼寫的：

薩瓦達利年阿尼月五日星期六，

毗沙卡星辰上弦月第十二日，

母牛拉西米得證解脫。

——摘錄自《拉瑪那尊者著作合輯》

薄伽梵之後將此文譯為泰盧固語，使用相同的維巴聲韻，將此聲韻引介至泰盧固語。拉西米往生當日，薄伽梵肉身變得非常虛弱，舉步維艱。

穆達利爾老奶奶

她生於唐家佛區英吉寇萊的穆達利爾家族。在其上師建議下，於一九〇八年與兒子媳婦至蒂魯瓦納瑪萊朝聖，於維魯巴沙洞屋觀謁薄伽梵。或許是因為這次觀謁，穆達利爾老奶奶決定留下。兒子蘇布拉曼亞・穆達利爾苦勸不成，便留下妻子卡瑪克希照顧母親，自行回去了。穆達利爾老奶奶和耶夏摩一樣，開始侍奉薄伽梵食物。其子也不敵薄伽梵之吸引力，不久後便回到阿魯那佳拉侍奉薄伽梵。他之後出家，成了阿恰拉普朗一處神廟住持。濕婆派聖人迦納・桑邦達正是在此處融入燦爛光輝，消失不見的。

穆達利爾老奶奶及媳婦奉獻一生侍奉尊者。媳婦往生後，奶奶雖年事已高，仍繼續服務。薄伽梵見其奉獻與無助，曾對人說：「幫助她，和侍奉我是一樣的。」

穆達利爾老奶奶十分獨立，堅持自行侍奉薄伽梵。她對薄伽梵也不拘小節。一回她奉上比平常多的食物，薄伽梵不悅。老奶奶轉頭說：「一切皆在心思中。」薄伽梵笑著說：「她用我的教導來教訓我呢！」

往生後，她被以出家人之禮，葬於道場附近的高恩德區。出席者眾，顯見眾人對她的敬愛。

送走了幾位親近信徒，薄伽梵似乎也開始準備離去。以上只談到幾位信徒，這並非說其他人與薄伽梵不夠親近。

說到底，上主克里虛那也丟下祂十分親近的阿周那及烏達瓦呀！

41 任務完成

薄伽梵往生前做的幾件事中，首先便是母親神廟之開光大典。祠堂在一九三九年建立之初規模很小，僅有墓碑及其上之林伽，以茅草屋頂遮蓋。許多人不甚滿意，信徒希望在此建造一大理石祠堂。但這需要資金、人力，更重要的是上主之旨意。

薄伽梵的一生中，神廟始終扮演重要角色。蒂魯丘立、馬杜賴、阿魯那佳拉之神廟，無疑皆是其靈性成長之地。至上大力引領他至道場建址，他自然也會希望此力量會繼續在此處賜福信眾。但薄伽梵對募款一事非常嚴格，禁止以其名義募款，強調道：「我從未替自己要過一毛錢。就像其他的建物也蓋好了，就讓這棟建築也成形吧。」門徒要的只是薄伽梵批准其計畫，但意見分歧。道場執行長尼倫伽南達尊者非常樂於為拉瑪那的母親建廟。有些信徒認為廟蓋在在墳上力量很強大，又可對誕下薄伽梵者表達敬意，十分贊成。也有人質疑廟宇在「現代」的必要性與正當性。儘管如此，幾位人士開始通力合作，資金與材料也到位了。

神廟膜拜的神像有主母（以母親形象示現的上主）、裘加巴。底部的石頭上刻了聖壇城的圖樣，底下還固定了另一個黃金打造的聖壇城。

在由南部請來的雕刻師監工下，整座廟宇全程依《阿含經》建造。薄伽梵原本接見訪客的大殿過於擁擠，因此在廟前另蓋一大殿。一九四六年，為薄伽梵抵達蒂魯瓦納瑪萊五十週年舉行盛大慶祝。為容納訪客，立起了上蓋茅草頂的「週年大殿」。慶典過後，薄伽梵仍上座於此，以便信眾觀謁，但每逢雨季及炎熱夏天時，不是很舒適。尼倫伽南達尊者認為應另建大殿供薄伽梵使用，選定母親神廟前方為建址。地基於一九四五年一月廿五日放下，一九四六年五月十六日開工，與母親神廟同時完工。刻了一塊巨大的花崗岩法座，供薄伽梵上座。

所有工程至一九四九年二月幾近完工，開光大典訂於一九四九年三月十七日舉行。在他處的林伽等物，被拿到新址，依據經典儀軌在廟宇屋脊行灌頂。所有儀式分三天完成。東印度普里大廟的商羯羅阿闍黎也參與了儀式，他拒絕眾人為符合其地位所特別準備之高位，而在薄伽梵旁邊鋪上鹿皮坐下。與薄伽梵交談時，他特別請教了經典中的某句話。薄伽梵答覆後，商羯羅阿闍黎說他仍無法掌握其要旨。之後薄伽梵凝視他、賜予恩典達半小時之久。商羯羅阿闍黎閉上雙眼，流下眼淚。他拜在薄伽梵面前，表示他了解了。此時聖壇城正要被放入廟中，商羯羅阿闍黎熟悉其儀式，便自願進行此任務。

薄伽梵坐在一旁祝福儀式進行。之後眾人請他打開新大殿。此時他連開鎖之力都沒有，雕刻師起而協助。薄伽梵之後進入神廟，用手碰觸聖壇城賜福。之後他走到已放上坐墊之石頭法座，讓訪客觀謁。次日幾位信徒發表談話，舉辦音樂會。開光大典於十七日早上進行，現場很熱鬧。

這段日子中見到薄伽梵者，認為他將其吉祥、超自然力量賜予聖壇城等物。其身體日漸衰弱，但仍全力進行手邊工作。他似乎把所有的力量都轉移其上。

在此需提到駐廟神祇，聖壇城塔。約六十公分見方，高度適中。放入壇城塔的當日，薄伽梵尊者坐在此過夜，忍受金屬鎔爐之高溫（加熱金屬讓神像固定）。薄伽梵親自將金像置於聖壇城塔的下方。

開光後，神廟每日進行供奉。起初聖壇城並無特殊供奉，眾人認為不妥。於是自一九五三年起，每月有六天做特別供奉，如星期五及滿月。儀式繁複，達數小時之久。

所有供奉的計畫是在薄伽梵面前定案的。當時一位隨侍說：「若這些供奉可以永遠持續該有多好！」薄伽梵同意，問：「但誰要負責呢？」沙度．阿魯那佳拉（即查德威克）表示願意負責。自此供奉便定期舉行。或許是因這些供奉之故，道場的各種問題也漸漸解決了。

書籍

薄伽梵自一九四五年後便沒有從事寫作，但他喜歡改寫自己的散作，也寫了幾部次要作品如下：

《大成就者之特質》

《薄伽梵歌》中有一部稱為〈天鵝之歌〉，描述了大成就者之特質。一九四六年一次談話中，薄伽梵注意到此作品，以坦米爾語及泰盧固語寫出其內容。實在是其恩典。

《崔蘇拉普拉．馬哈提安經》

一九四六年二月，薄伽梵請維斯瓦納沙．布拉馬恰利將此梵文作品譯為坦米爾語，之後他予以修正。「崔蘇拉普拉」即是「蒂魯丘立」。

《無上阿特曼供奉》

商羯羅寫了《無上供奉》及《阿特曼供奉》。薄伽梵結合兩者，寫下《無上阿特曼供奉》，其中談到繞行之哲理。

印度南部有個故事與這有關。濕婆手中有顆果實，維那亞卡及古海都想要。濕婆說要他們繞行七重天，誰先回來就能得到果實。古海立即騎上孔雀出發，而聰明的維那亞卡僅繞行其父母，便來索討果實。七重天皆在維持宇宙運作之馬哈史瓦瑞神之中，因此繞行馬哈史瓦瑞便是繞行七重天！在心中繞行馬哈史瓦瑞，即是無上供奉。

《迦納斯瓦與毗托巴對話錄》

馬努．蘇貝達在馬哈拉斯塔頗富盛名。他將聖人迦納斯瓦對《薄伽梵歌》之註解，從馬拉地語譯為英語。馬努．蘇貝達曾問薄伽梵：「幾乎所有的書都在談論大成就者，有談論修行的書嗎？」薄伽梵答：「坦米爾語作品中，《虔誠者傳》是大成就者與修行者之對話，即是毗托巴與迦納斯瓦之對話。」之後薄伽梵將此譯為英文，拿給馬努．蘇貝達。蘇孋．娜葛瑪將之譯為泰盧固語。

《一封信》

有些人有向偉大人物要簽名的習慣，或將後者手跡視為珍品保存。每當有人向薄伽梵要這些東西時，他會予以拒絕：「我叫什麼名字呢？你稱我是拉瑪那。既然沒有名字，又該寫什麼？」但在叟馬孫德倫尊者之堅持下，寫下他譯為泰盧固語的偈子，而在慕魯加拿之堅持下，譯為梵文。此偈子如下：

依本心之願，此信永遠兀自閃耀。誰又能寫上任何東西呢？

——摘錄自《拉瑪那尊者著作合輯》

《光明節》

有些信徒想蒐集薄伽梵之散作出版。他們找到一本舊筆記本，上頭有幾段文字。有些與光明節有關，是薄伽梵應慕魯加拿之請所寫。文字如下：

那拉揚為求真知，探究「物質我」*是從何而生，主宰物質世界。終得盡滅自我。是日為奈洛恰圖達希光明節。

為剷除罪人，「物質我」誤以為自己即是此殘敗肉身。因此能以真我之姿閃耀，誠為光明節。

——摘錄自《拉瑪那尊者著作合輯》

《南面神濕婆化身》

薄伽梵在其商羯羅之《南面神濕婆贊》之坦米爾語譯本介紹中道：

梵天（四面神）以其心念之力，生下四子：撒那卡、撒南達、撒那簇加塔、撒那庫馬拉。祂要他們擔起創造世界、維持世界運轉等工作，但他們無動於衷。雲遊四方，尋求祥和。因為他們十分不執著，非常適合接受靈性教導，慈悲大神濕婆在一株榕樹下以人

---

* 譯注：「物質我」（*naraka-I*），*naraka* 為地獄之意。

形化現，是為南面神。祂靜境地坐著入定，右手結意識手印。四位求道者深受吸引，有如受磁鐵吸引之鐵塊。他們坐在祂面前，和祂一樣專注於真我之中。即便高階靈性修持者，也不容易理解此沉默境界。世界、觀者、覺察世界者，皆是其阻礙。但此三者皆是至上大力之化現，一旦將三者收攝入其中，萬物皆是此力量，即是真我。商羯羅在此讚歌中闡述的即是此真理。

——摘錄自《拉瑪那尊者著作合輯》

以上是薄伽梵可扼要說明哲理的例證。這個故事就是坦米爾文版《濕婆神話》中的〈南面神濕婆化身〉。

《本心與頂輪》

在維魯巴沙洞屋時，薄伽梵與加納帕提．慕尼會討論本心與頂輪。一位名叫阿魯那佳拉的信徒會坐在一旁，以英語記錄其討論摘要，爾後，薄伽梵將此摘要譯為坦米爾語。

《蒂魯丘立》

薄伽梵以坦米爾語寫了三首關於蒂魯丘立的曲子。應蘇孋・娜葛瑪之請，薄伽梵將其譯為泰盧固語。

《萬物同宗五句經》

同樣應娜葛瑪之請，薄伽梵以坦米爾聲韻「維巴」，以泰盧固語寫《萬物同宗五句經》。後親自將其譯為坦米爾語。商羯羅著有《阿特曼五句經》，薄伽梵從其名，稱這部作品為《萬物同宗五句經》。真我五偈頌如下：

一

忘記真我時，我們以為
此肉身即是自我
經歷無數輪迴
終於憶起
成為真我

有如大夢出醒
夢中，我們雲遊全世界

二

我們始終是真我。若問
「我是誰？我在哪？」
如同醉漢問
「我是誰？」及「我在哪？」

三

肉身在真我之內，但
我們以為自己在此軀殼內
正如觀者以為
投射電影的螢幕
是畫面的一部分

四

黃金飾品可與黃金分開
單獨存在嗎？肉身能與真我分開
單獨存在嗎？
無知者認為「我即是肉身」，
悟道者知道「我即是真我」。

五

只有真我，唯一真實
永恆不滅，若古代首位老師
以緘默揭示此理
又有誰能以言語說出此理呢？

——史瓦米那坦譯

薄伽梵也將《五首阿魯那佳拉詩頌讚歌》及與逑說他生日的詩譯為泰盧固語。以上譯本皆是以泰盧固語原本沒有的維巴聲韻寫成。

散篇

薄伽梵以坦米爾語寫下一靈感，是為〈上主林伽神祕事蹟〉：

觀者卸下其肉身，正如飯後放下作為餐盤的葉子。

——摘自《拉瑪那尊者著作合輯》

《廣究經集粹》

沙度·尼沙拉達斯以北印語寫成名著《廣究經》。此作有坦米爾語與泰盧固語譯本，但由於篇幅龐大，薄伽梵應阿魯那佳拉·穆達利爾之請，節錄坦米爾語本精華。此書很早便出版，但薄伽梵沒有署名作者。薄伽梵應幾位泰盧固信徒之請，將其譯為泰盧固語，題為《廣究經集粹》。

42 黃昏

早在黑夜籠罩大地前，陽光即消逝。而太陽下沉時，全世界也隨之惋惜。

在維魯巴沙洞屋、史堪德道場、以及早期在拉瑪那道場時，薄伽梵的肉身散發出燦爛光輝。此後，只有在光明節、大供奉、薄伽梵誕辰時，才會散發光輝。有幾個不同的說法，如這暗示薄伽梵來日無多，或薄伽梵無法在衰敗的肉身中完全化現。

占星家預測大限不遠了。從葛朗特星盤看，拉瑪那的故事會上演到薄伽梵八十歲為止。學者質疑天上星體對真知者的影響力。有些人引用聖人作曲家條喀拉加之言：「若有羅摩之恩典，星體又有何重要？」也有人反駁：「薄伽梵完全不在乎肉身，星體的影響力必定還是在的。」

薄伽梵曾數度提及：「此肉身是因諸位的欲望而來。」他意指信眾之欲望。他又補充：「若各位不需要了，肉身便會離去。」意即薄伽梵之命全仰賴他人欲望。果真如此，又有另一個問題：「究竟是誰說再也不需此肉身之作為？」這就沒有答案了。

薄伽梵年輕時便疏於照顧肉身的後果，自一九四五年起就現其端倪。在一九四五年，耶夏摩過世後，身體不適更加明顯。更早以前，薄伽梵於冬季時就有氣喘、關節炎的毛病，因此有時必須禁食甜食或酸奶。雖就哲理上來說，無人能長生不老，但若說肉身是因某些原因而產生，離開時必然也會有其原因才是。

以薄伽梵而言，比較妥當的說法是上主轉世的任務已完成了。正如慕尼在《拉瑪那之歌》中所言，其任務是向全世界證明，常駐真我及解脫是可證得的。超過半個世紀，薄伽梵都在證明這點。求道者自遠方來，侍奉於薄伽梵足下，而他的教誨也傳到遙遠的國度。信眾、瑜伽行者、學者、門徒根據其果報，體驗薄伽梵的恩典。「來此之人絕不會空手而回。」「薄伽梵為信眾承擔果報，因此身體受了許多煎熬。」只是，誰能回應這般評論呢？薄伽梵確實有可能為信眾承擔果報。信徒克里虛那穆提食指很痛，但在薄伽梵面前安靜地坐著，沒有表現出來。突然間，薄伽梵開始揉自己的食指，信徒的痛接著便消失了。

自一九四七年起，信眾就開始擔憂薄伽梵的健康每況愈下。風溼痛蔓延至手腕及背部。衰弱的身軀或許會需要更營養的食物，但薄伽梵不允許自己有特殊待遇，還說：「肉身本身即是一種疾病。我們應探究疾病之源，而非尋求減輕其此疾病（肉身）所感染之疾病之症狀。」因此他會取笑替他取藥的人。

一回，來自班加羅爾的阿育吠陀醫生拉瑪羌卓・拉奧上呈配製阿育吠陀藥品的藥草清單。薄伽梵看過清單，稱許每一品項。拉瑪羌卓・拉奧趁機問道：「薄伽梵可允許我調配這些藥嗎？」

薄伽梵問：「藥？給誰的？」

拉瑪羌答道：「給薄伽梵的。」

薄伽梵說：「為什麼要給我？我好好的。你看起來比我還瘦弱，這些藥你最好自己拿去吃吧！」

另一位信徒也建議薄伽梵吃補品。薄伽梵答：「我是買得起補品的有錢人嗎？我所能做的，是鈴響時，進去吃分配給我的食物。」

另一位信徒對薄伽梵說：「奧羅賓多尊者都有吃牛奶、水果、杏仁。」暗示薄伽梵也該吃類似的食物，薄伽梵的答覆是：「很好啊，他很有錢，我有什麼呢？」

每當信徒生病時，薄伽梵總是第一個隨侍在側。他的恩典能在短時間內治癒他們，但對信眾來說，不幸的是薄伽梵從沒想過治癒自己，讓數以百計的信眾能繼續享受其恩典。

道場管理人員從未要薄伽梵為了他們治癒自己，但他們找來醫生開藥、動手術，彷彿此肉身與其他軀體並無分別。等到他們明白真相時，為時已晚。

薄伽梵之前數度治癒自己，像是之前患了黃疸，那次醫生開的藥無效。他打嗝不止時，醫生的藥也毫無效果。一回薄伽梵雙腿及背部有皮膚炎，梅寇特醫師在兩個月間試了幾種藥均無效，最後哽咽地請薄伽梵治癒自己。不出兩日，薄伽梵就辦到了。薄伽梵不正是專治生死輪迴之病的醫生嗎？

或許信眾沒有想到，薄伽梵大限將至時，唯一能留住他的方法，就是向他臣服。

一九四九年二月，薄伽梵左前臂出現一小瘤，他不以為意。但醫生們認為，若不儘快以手術移除，之後可能會有問題。一九四九年二月九日，桑卡拉·拉奧醫師在斯利尼瓦撒·拉奧醫師的協助下，在薄伽梵的浴室內移除癤。手術前薄伽梵問：「不是只要包紮上幾片葉子，它就會消失了嗎？」但醫生說：「道場執行長也同意我們的做法。」薄伽梵便不再多說。一星期後傷口癒合，包紮拆掉。

癤又復發，不到一個月就變大，眾人十分緊張。這回他們找來馬德拉斯的名醫拉加瓦查里醫師。一九四九年三月廿七日，他做了局部麻醉後移除腫瘤。腫瘤長在神經上，需切得較深，採活體組織切片送去檢查。傷口沒有癒合，反而擴大。檢驗報告四月中出爐，是惡性腫瘤。薄伽梵於是接受鐳放射治療。腫瘤沒有癒合，反而開始出血。四月三十日進行輸血。最後，拉加瓦查里醫師建議截前肢，薄伽梵馬上反對：「我會照顧我自己。」一回他開玩笑地說：「假如腫瘤長在頭上，他們大概會建議把頭切掉。」薄伽梵保證他會照顧自己，讓不忍薄伽梵截前肢的信徒升起一線希望。

一九四九年五月八日，知名的阿育吠陀醫師拉西米帕提，建議可用特殊葉子包紮腫瘤。班加羅爾的拉馬羌卓·拉奧醫師也有類似建議。一位信徒聞言，心想問題是否可如此輕易解決。但薄伽梵說：「他是醫師，他知道怎麼做。」但又有人建議薄伽梵可用願力治癒自己，薄伽梵答：「難不成是我請腫瘤出現，好讓我可以讓它消失？」

或許是因為拉西米帕提的建議，一九四九年七月五日，他們找來精通藥草的密醫。薄伽梵在阿魯那佳拉時，鎖骨骨折，就是他治好的。他綁上一特殊包紮，說這種腫瘤不應以手術移除。包紮緩解了出血。但他急於移除腫瘤中的「毒素」，因此在傷口敷上辣椒。一般人在正常情況下大概也會難以忍受，更何況是薄伽梵當時狀況不佳。只是薄伽梵發起高燒，於是他們要密醫停止治療。

一九四九年七月廿五日，另一位知名醫師古魯史瓦米．穆達利爾拜訪薄伽梵，對進行手術表達不滿。他建議打針，承諾會再來探望。

與此同時，幾位吠陀學者為薄伽梵的健康，開始做特殊供奉及拜日式。信徒如蘇孋．娜葛瑪等也加入。薄伽梵並未阻止，但他說：「隨他們吧，這畢竟是好事。」他也說過：「這有何用？太陽中的阿特曼也在這裡呀！」

八月開始注射盤尼西林。他們開始限制觀謁薄伽梵的時間，因為薄伽梵需要休息。醫師古魯史瓦米．穆達利爾十一月再次來訪，和幾位醫師商量後，認為有必要再進行一次手術。次日薄伽梵被帶至道場診所輸血、麻醉，他們用電刀割除腫瘤，將出血減到最低。

道場診所四周集結了焦慮的人群。志工與警察來維持秩序。在尼倫伽南達尊者的請求下，群眾才散去。傍晚六點過後，薄伽梵坐在診所陽台上讓信眾觀謁。

次日，薄伽梵自行走至大殿讓信眾觀謁。醫師重振信心，重新開始鐳放射治療，傷口看似癒合中。但到了十二月事情急轉直下，之前腫瘤上方出現了另一顆腫瘤。醫師於十二月十九日開刀，但無效。

醫師宣告放棄。信眾大感焦慮，自問光輝還能持續幾日。

43 日落時分

聖克里虛那讓幾位死者死而復生，你覺得他會連自己都無法保護？

——《薄伽梵歌》（第十一章）

大家對對抗療法完全失去信心。他們請來順勢療法醫師T．S．艾耶，他的治療起初有所起色。薄伽梵從醫院搬至觀謁大殿對面的小房間，坐在房間陽台上讓信徒觀謁，吠陀經朗誦也重新開始。

只是，一九五〇年一月五日的誕辰紀念，不見歡欣。

二月中，前一顆腫瘤的下方又出現新腫瘤。拉加瓦查里醫師等人不顧順勢醫師的意見，認為這是惡性腫瘤。於是順勢醫師停止治療，找來另一位喀拉拉的阿育吠陀醫師穆斯醫師。他也束手無策。腫瘤開始長大，薄伽梵變得更虛弱，貧血更嚴重。

但薄伽梵的面容從未失去光澤，有些人解釋，真知者對肉身無任何執著，因此薄伽梵並不覺身軀所受之苦。《瓦西斯塔經》有言：「對真知者而言，無論是把檀香抹在身上，或截肢，都沒有分別。」也有人說，薄伽梵從未抱怨過有任何痛處，因此他必不覺痛。還有人說，拜其苦行所得的力量，薄伽梵不會有任何痛苦。這些看法半是根據哲理，半是想像。

有人注意到薄伽梵睡眠不足，這是疼痛的徵兆。也有人聽見薄伽梵痛苦呻吟。若說真知者之肉身沒有痛覺，就好像說他的肉身就算被劃開也不會流血。由於個體性不存，因此即便肉身受苦，也沒有可感受此經驗的主體。肉身由五大元素組成，會有痛苦。若將真知者等同於其肉身，便會說真知者也受苦。

焦點應放在薄伽梵如何忍受肉身的疼痛。拉瑪那之肉身確實並非拉瑪那之個體意識，但我們不覺這位被稱為拉瑪那的個體，是完全沉浸於梵之中。果真如此，拉瑪那展現了無與倫比的忍耐力。或者薄伽梵認為，若他表現出痛苦的樣子，信徒必定無承受。他儘量不顯露一絲痛苦，其肉身也盡其所能地扮演其角色。他一如往常每日日出前沐浴，在午前午後的固定時間內閱讀道場信件。

信徒前來觀謁，他也監督書籍的出版工作。但一月之後，身體卻連這些事也不能做。他漸漸失去所有精力，無法在小房間外接見信徒。因此信徒會走進他躺著的房間，觀謁尊者。

至三月底仍無任何好轉跡象，因此徵得薄伽梵同意，請來加爾各答的阿育吠陀醫師卡毗拉吉。卡毗拉吉治療薄伽梵一段時日，妥善交代當地的阿育吠陀醫師後，回到加爾各答。但當地醫師認為藥物太強，他無法單獨處理，希望再從加爾各答請一位醫師來協助。薄伽梵再也無法忍受這種情況，四月十二號之後拒絕吃藥。此時他氣喘發作，一位親戚拿藥給他，薄伽梵制止，說：「何必？不出兩日，一切都會結束了。」眾人皆抱持希望，以為薄伽梵已決定要治癒自己。但他們萬萬沒想到，離開的不只是疾病。

四月十三日，太陽進入牡羊座。十四日當天，醫師不見任何警訊，同時維洛爾來的政府醫師於傍晚六點訪視薄伽梵，再次保證沒有任何立即生命危險。眾人被請去用晚餐。政府醫師懇求薄伽梵喝些柳丁汁，薄伽梵起初拒絕，但見到醫師哀傷的表情，便喝了幾口。他只喝了兩湯匙的果汁。

約八點鐘，薄伽梵想保持坐姿，於是他們疊了枕頭讓他坐起。過了一會兒，他呼吸侷促，克里虛那史瓦米醫師想施與氧氣，但薄伽梵拒絕了。半個小時過去，期間薄伽梵只能困難地張口呼吸。信徒開始在外頭唱誦《永結真我的婚禮花圈》，副歌是「阿魯那佳拉濕婆，阿魯那佳拉濕婆……」薄伽梵聽著，滾下幾滴淚珠。

悲傷的時刻終於來臨。薄伽梵張嘴呼吸，嘴巴仍張開，呼吸卻已停止。薄伽梵卸下其肉身。這是星期五晚上八點四十七分。外頭信徒仍繼續唱著「阿魯那佳拉濕婆，阿魯那佳拉濕婆」，其聖名振動聖山阿魯那佳拉。此時，一顆燦爛流星劃過天際，在阿魯那佳拉山頭落下。遠處的人也看見這顆流星。拉瑪那之光離開地球這個臨時居所，回歸其本源。

鎮上的人看見燦爛光輝，察覺大勢不妙，奔向道場。他們的父親、指引、上師、以及他們的一切所有都不復存在。他離開了他的肉身。

道場充滿了集結群眾的哭嚎。薄伽梵門徒讓他維持蓮花坐姿，將他帶至觀謁大廳，示與公眾。待初始的狂亂情緒散去，信徒坐在肉身旁，唱起虔誠讚歌與歌曲。身軀抹上檀香與香灰，以花朵妝點。

次日在吠陀梵咒的唱誦聲中，聖體以聖水、牛奶、蜂蜜沐浴。大批群眾集結觀禮。不久，聖體經過裝飾，被放進母親神廟與舊觀謁大殿之間挖出的坑中。坑中填滿鹽、樟腦等香料。

當晚道場有數百人，萬念俱灰，麻木不仁。一位詩人說：「沒有你，這世界有如斷垣殘壁。」誠然！

薄伽梵降生於世時，只有一位瞎眼女士見到一道光芒。他辭世時，數以百計的人見到耀眼的光輝。當晚天上的星星閃爍著不一樣的光彩，夜空寧靜澄澈。黑暗令人害怕，心中萬念俱灰。

44 上哪裡去了？

那道光去哪了？它發生了什麼事？對某些信徒而言，拉瑪那即是無特質的梵。信徒安利塔南達在紙上寫下一段馬拉亞里語詩句，要薄伽梵說他究竟是毗濕奴、蘇布拉曼亞、濕婆，還是瓦拉魯奇。薄伽梵用相同聲韻寫出以下馬拉亞里語詩句：

眾人蓮花心深處，初為毗濕奴，實則閃耀著至上意識之純粹智性（完全覺知）。至上意識即是阿魯那佳拉拉瑪那。當心靈融入對祂的愛中，達到本心最深處，也是最摯愛的上主所在，純粹智性之慧眼便會打開，祂即以純粹意識之姿化現。

——摘錄自《拉瑪那尊者著作合輯》

這根本不是在回答安利塔南達的問題，而是哲學開示。旨在教導想了解上師本質的門徒，上師即是神、宇宙意識、喜悅之源。安利塔南達想知道拉瑪那究竟是哪一位神祇之化現，但薄伽梵的答覆等於是說：「別管這個問題了。試著了解我的本質，拉瑪那之本質，就夠了。」

同理，某些信徒認為拉瑪那就是真知者，真知者即是梵，不多也不少。真知者的個體意識不會離開其肉身，而是會直接融入其源頭。這些信徒也會複述拉瑪那之言：「我能去哪呢？我就在這裡。」但這些話並不大適用於脫離肉身之後的狀態。尤有甚者，對已證得梵者，沒有「這裡」或「那裡」之別。因此不能說拉瑪那仍在道場。

見過真知者臨終前的人，說真知者的肉身像是在熟睡中一般，感覺器官靜止，眼口緊閉。但薄伽梵並無閉口，氣難道不會由此洩出？

薄伽梵過世那一刻，數千人見一道燦爛光輝往東北方劃過天際。這若不是拉瑪那之光輝，還會是什麼？

薄伽梵是這麼描述上主克里虛那往生的：即便是梵天或其他諸神，也不解上主化身為閃電，在空中行走之路徑。過了一會兒，上主克里虛那遁入祂原本的居所。據此描述，我們知克里虛那即是上主，祂有祂原本的居所。在薄伽梵的情況中，也有燦爛光輝劃出路徑。

潛在習性讓人轉世投胎。有人說薄伽梵沒有這樣的問題，因此不會再出現在地球上。但事實上，薄伽梵本人曾數度說，他與信徒的關係堅不可摧，他會永遠幫助他們。除非薄伽梵是天神化身，否則這怎麼可能呢？

正如慕尼所言，薄伽梵是史堪德的一個面向，因此他是有可能回到他原本的居所。史堪德離開時也是化為一道光。在此並非要減低薄伽梵的特殊性，薄伽梵親證真我確實非常偉大。薄伽梵本人曾說，濕婆等人雖為真知者，但為了做出行動，仍得藉由一個形體。

以下幾項論點，可支持薄伽梵為史堪德一個面向的說法。一九四五年十一月廿一日，阿魯那佳拉上主之神像繞行聖山。到達拉瑪那道場大門時，薄伽梵正坐在書庫旁的水龍頭附近的一處平台上。有人奉上盛著神祇加持供品及香灰的盤子，薄伽梵拿了些香灰，用十分恭敬的語氣說：「兒子要遵從父親。」

更早以前，慕尼即在《拉瑪那之歌》提到，薄伽梵曾以庫馬里拉·巴塔及迦納·桑邦達之姿現身。慕尼也說拉瑪那是天神史堪德之化身，和拉那達、撒那庫馬拉一樣，同屬阿闍黎（教範師），每當法性淪喪時，便降生地球，向眾生傳布真知。

這讓人想起薄伽梵一九三四年時，與一位信徒的對話。對話中，薄伽梵指出這位信徒誤以為他僅是此肉身，同時揭示他「同時以二十個身軀，住在二十個法界中。身軀來來去去，誰能追蹤哪個肉身來了，哪個肉身走了？要緊的事常駐真我，不要管肉身的更迭。」

以上對話特別在此提出，因為有人說拉瑪那與至上真理合一涅槃，或「大涅槃」（「涅槃」似乎有佛教淵源）。也有信徒說拉瑪那仍是史堪德，傾聽我們的禱告。這很有可能。

眾神即便在各自的法界中，祂們有所有的法力，只要虔誠者虔誠禱告，隨時有可能出現。在有形世界的起源，濕婆夏克提交會處，很容易召喚祂們，感知其存在。這也解釋了為何濕婆之子拉瑪那，會選擇濕婆夏克提交會處，如蒂魯丘立、馬杜賴、阿魯那佳拉，作為活動場所。身為史堪德的一個面向，他以光之形象存在，以阿魯那佳拉為居所，因此在阿魯那佳拉召喚他特別容易。並非在其他地方不可能，但這幾乎完全與信眾禱告的虔誠度有關。

另一方面，由於阿魯那佳拉是濕婆夏克提交會處，因此較為容易，特別是拉瑪那待了超過二十年的拉瑪那道場。薄伽梵拉瑪那之神聖性裝在五大元素所組成的肉身中，此肉身現正埋在拉瑪那道場。一直到現在，此地仍能感受到薄伽梵在世時散發出的波動，寧靜波流仍在此流動著。在拉瑪那墳前、或靜坐大廳禪定一會兒，變能感受薄伽梵的力量。此地有薄伽梵腳下之塵埃，讓這塵埃環繞我們，也足夠了吧？此地也有拉瑪那虔誠信徒腳下之塵埃，這也是十分殊勝。拉瑪那聖泉源自拉瑪那。此地有薄伽梵曾呼吸過的空氣，映照其本心之天空。正如馬杜賴之於克里虛那，此處與薄伽梵拉瑪那非常親近。

45 之後呢？

之後呢。薄伽梵說過：「只要尊者還在，什麼事都不會發生。之後，人就會講話。」幾位信徒無法承受薄伽梵往生，多數在幾日內便離去。此時的拉瑪那道場有如羅摩死後的阿優達，或是聖火熄滅的吠陀聖壇。

悲傷隨著時間淡去。克里虛那．畢克修參加了第一次阿拉達那拜神儀式，但無法停留超過幾小時，期間他淚流不止，過去的回憶彷彿化為淚珠。他說他無法再到道場，接下來三年都沒有出現。但事情不能永遠是這樣，薄伽梵不允許誰一走了之。一旦成了阿魯那佳拉的俘虜，就再也沒有退路，阿魯那佳拉會將其吞噬。

薄伽梵圓寂後，道場運作出了許多問題。為避免這種情況，薄伽梵生前在法官孫德倫．切提爾跟前立了遺囑。根據遺囑，母親神廟的神像需得到供奉；道場應在尼倫伽南達尊者之領導下，建設為靈性中心，並由其子維克達拉瑪繼承其位，接下來由其家人繼之。有些人不接受最後一項提議，在尼倫伽南達尊者時代便製造許多問題，但靠著薄伽梵之恩典，所有問題都解決了。

尼倫伽南達尊者無法隻手管理道場，於是成立管理委員會，自己擔任終身主席，依委員會之建言管理道場。

道場事務如常進行，如管理牛棚、客棧、吠陀學校、母親神廟供奉、袞加巴、聖壇城。查德威克負責吠陀學校及供奉。另組一小組負責出版事務：大多是薄伽梵之著作，另有《對話真我》（穆納葛拉．韋克達拉邁爾著）、達瓦拉吉．穆達利爾之日記《日處真我》以及寇恩之日記。道場的目標是出版薄伽梵所有著作。

每日作息一如往常，包括供奉及朗誦吠陀經的時間。

薄伽梵在世時，尼倫伽南達尊者凡事請教薄伽梵，管理道場並非難事，但現在不可同日而語。尤有甚者，過去前來觀謁薄伽梵的訪客，捐獻十分大方。但後來訪客人數及捐獻日減。不僅如此，一些人好意前來幫忙，後來卻與道場反目。也有人想改變管理權的繼承方式。但秦南史瓦米（即尼倫伽南達尊者）仍將自己臣服於薄伽梵，盡力管理道場。他的健康每日愈下，在道場醫院休養數月。他在病房四面牆上掛滿薄伽梵照片，看著它們，保持心中平靜。大成就者的力量始終照看他。

此時秦南史瓦米又遭逢另一項打擊。妹妹阿樂美露在他喪妻後，將他兒子維克達拉瑪帶大、成親，而今自己卻病倒了。早在一九三八年，秦南史瓦米就找維克達拉瑪前來協助道場事務。阿樂美露與夫婿皮丘．艾耶不願離開這個視如己出的男孩，於是搬至阿魯那佳拉在道場幫忙。照規定，道場入夜後不得有女性留宿，他們在道場外另租一地過夜。幾年後，皮丘·艾耶在薄伽梵信眾的協助下，於拉瑪那納格建造房舍。

阿樂美露是維克達拉瑪的姑姑，道場成員也以「姑姑」相稱。安靜、潔身自愛、脾氣溫和，對薄伽梵無比虔誠。薄伽梵病倒時，她聲淚俱下，請他治癒自己。薄伽梵告訴她：「親愛的，別難過。該來的總是要來。把掛心的事交給我，讓自己平靜吧。」

薄伽梵圓寂後，她的健康急轉直下，臥病在床六個月。一九五三年一月三日，她嚥下最後一口氣，口中猶唸著薄伽梵之名。往生時，她容光煥發。

妹妹去世，對秦南史瓦米是嚴重打擊。他心痛不已，厭倦紅塵，懇求上主拉瑪那帶他離去。往生前，他於一九五三年一月二十九日召其子維克達拉瑪及其他親友，將遺言告訴維克達拉瑪：「我問心無愧，兩袖清風。我從未因私利動用道場資金，道場的一切皆屬於薄伽梵。小心維持道場，善加利用，全心全意侍奉薄伽梵。你會得到他無盡的恩典。讓信心與真理成為你不可分割的一部分。堅守道場事務的行事傳統，我在這方面非常努力。」

秦南史瓦米於一九三〇年成為道場執行長，管理道場達二十二年之久。他十分謙卑，在成為執行長前，多數外人並不知道他原來是薄伽梵的弟弟。

他往生時，吠陀梵咒的唱誦聲響徹道場。他的墓碑立在母親神廟對面的椰子園裡。此地點雖非他親自選的，但他必定會十分喜歡。

他為人和善，但一點挑釁便會讓他發怒。他相信犯錯者應予體罰。教育程度雖不高，但他透過對薄伽梵之不間斷、無私的服務及虔誠尋求解脫。他對道場的責任感讓他難以妥協，或許得罪了一些人。為了道場，他甚至不惜打擾正在禪定的信眾。對帳目會計十分仔細。

他的奉獻讓好幾棟建築與設施得以建造，方便信眾敬拜薄伽梵。

蒂魯丘立的孫德倫故居、馬杜賴的拉瑪那故居，都是他努力付出的見證。秦南史瓦米之子維克達拉瑪繼任，成為信託董事會主席。

46 軼事數則

一 趕蒼蠅

沒有薄伽梵小時的照片。一回，小維克達拉瑪和叔父一起照相，他們請他把手放在一本大書上，裝作勤學的樣子。突然一隻蒼蠅停在他臉上，他便抬起手趕蒼蠅。說時遲那時快，攝影師按下快門，照片自然被搞砸了，只是這張相片後來也無跡可尋。薄伽梵現存最早的照片，是一位來自昆跋寇南的信徒納拉．皮萊，在一九〇〇年左右於維魯巴沙洞屋所攝。

——尊者現知最早的照片，攝於阿魯那加拉山，當時尊者 22 歲。

二　拐杖

薄伽梵親述以下軼事：阿魯那佳拉一位孱弱的老者厭倦家庭，於是拄著拐杖，取繞行聖山之路離開鎮上。他曾繞行聖山數次，但就在要走出鎮上時，他心中感到非常難過。這時突然冒出一位年輕的婆羅門，一把拿走老者的拐杖，說：「你還需要這個嗎？」就消失了。老者當下立即恢復正常。故事發生時，薄伽梵住在山中，但他從未明白說是他治好了老者的腳。《阿魯那佳拉傳奇》中也有類似故事。

三　迷路的信徒

一位歐洲信徒決定獨自一人探索阿魯那佳拉聖山，傍晚仍未歸來，道場眾人開始擔心起來。此時薄伽梵坐在拉瑪那聖泉附近，用望遠鏡看著阿魯那佳拉。日落後不久，這位信徒筋疲力竭地歸來，說他在山中迷路，是薄伽梵領他回到道場。眾人十分驚訝，薄伽梵一直都在道場，是如何引領這位信徒的呢？

四　喜悅的淚水

加德滿都一位大學校長魯卓拉吉．龐迭，來阿魯那佳拉神廟觀謁上主。

廟中嚮導領他至神壇附近時，開始大唱「阿魯那佳拉」。龐迭本想觀謁林伽，但所見皆是薄伽梵甜美的笑容。龐迭不能自己地流下歡欣的淚水。

五　出家

一回，一位信徒請薄伽梵允許他出家，因為他再也無法處理他的家庭問題。儘管薄伽梵勸阻，他仍堅持：「您自己離家，卻叫我們不要。」薄伽梵答：「我沒有得到任何人允許就來了啊。」眾人大笑。

六　積功德

薄伽梵很有幽默感，他的言詞典雅，從不傷害任何人。當他的關節炎嚴重時，隨侍及一些信徒都幫忙按摩他的雙腿。一位七十歲的退休法官也想加入按摩的行列。薄伽梵問其動機，他說：「讓我積些功德吧。」

薄伽梵說：「大家請都安靜一下，我也想按摩這些腿，積點功德。」說著，就真的動手按摩了。

七　臣服

一位氣喘病人請薄伽梵解除其痛苦。薄伽梵說：「我也有氣喘。至少你可以央求尊者幫忙，那我呢？我沒看到什麼尊者。一個人應坦然接受發生在他身上的事。」

八　來時路

一位年輕人請薄伽梵告訴他「通往解脫之路」。薄伽梵答：「照你來時的路倒回去走。」年輕人不解，失望地坐著。其他在場的人向他解釋：「薄伽梵說的沒錯。『我之思維』先起，方有其他念頭、心靈。探究眾念之源，即是『照你來時的路倒回去走』。」

九　植物也會痛

觀謁大殿後方有株芒果樹。為得其果實，有些人用棍子敲打樹木，而不是爬上樹摘採，過程中一些枝葉也跟著掉落。薄伽梵恰巧經過，斥責道：「夠了夠了。它給我們果實，我們卻摧殘它作為回報，真是善良。請離開吧。」

類似情況發生在耶夏摩身上。一回她發願蒐集十萬片葉子，作為苦行奉獻。但無法蒐集到足夠的葉子，便求助於薄伽梵。薄伽梵建議她以捏自己的身軀取代。耶夏摩不解，問：

「這是什麼意思？」

薄伽梵反問道：「若妳捏自己的身軀會感到疼痛，為何認為拔植物的葉子時，植物不會感到疼痛呢？」

十 替拉瑪那照相

一位衣著華麗的男子沒脫鞋就走進大殿，他問薄伽梵：「您見到神了嗎？」薄伽梵表情天真地問：「神？他是誰？」年輕男子說不出話來，其他人則大笑。過了一會兒，他問薄伽梵是否願意入鏡拍照。薄伽梵答：「可以，假如你辦得到的話。」這位年輕人不解其義。薄伽梵的意思是他即是阿特曼，是不可能照出來的。但這位年輕人按下快門後離去。

十一 探究

薄伽梵聽說有位瑜伽行者可在其靈體中，看到大成就者的氣場有多大。他聲稱看見佛陀之氣場綿延超過一．六公里，奧羅賓多尊者一．四公里，而薄伽梵則快要五公里，且不停擴張，他無法見其盡頭。薄伽梵聽聞此事，說：「若他能探究他的靈體究竟是什麼，就不會有這些問題了。」

十二 不匱乏

住在維魯巴沙洞屋時，薄伽梵每天都會食用一粒訶子預防便祕。一回道場的訶子沒了，巴拉尼史瓦米正準備去鎮上找。此時一位村民拿了一整袋訶子到道場，獻給薄伽梵。原來，這位村民剛上馬車出發觀謁薄伽梵時，前面馬車上的袋子開始掉出一些訶子。他將果實拾起，心想薄伽梵應該會需要。他到達道場時，巴拉尼史瓦米正要出發。

另一回，巴拉尼正要為薄伽梵買葡萄，薄伽梵對他說：「何必這麼急？」這時謝夏雅的兄弟拿著一袋葡萄獻給薄伽梵，他只為表示敬意，並不知道道場沒有葡萄。薄伽梵的侍從艾耶史瓦米曾說，無論薄伽梵需要什麼，東西總會不費吹灰之力地出現。

十三 無處不是

來自蒂魯瓦納瑪萊的孫達雷瑟．艾耶，年紀輕輕便至薄伽梵門下。好一段時間後，他得去外地工作，但卻不願離開薄伽梵。他到薄伽梵跟前哭泣。薄伽梵問：「你跟著我多久了？」孫達雷瑟．艾耶答：「四十年。」

「你們聽聽，」薄伽梵對大殿內眾人說：「他跟了我四十年聽我教誨，但他說沒有我的地方，他去不了。」薄伽梵大概是說世上沒有這樣的地方。

十四　必得福佑

薄伽梵為信眾及尋求他庇護者解決難題。孫達雷瑟・艾耶要為即將出版的薄伽梵坦米爾語作品集寫序。在序的最後，他寫道：「據信，讀這些作品會得到庇祐。」薄伽梵予以修正，拿掉了「據信」，說：「讀這些作品會得到庇祐。」

十五　假如你憶念著上師

薄伽梵對西瓦普雷克薩姆・皮萊說：「得上師恩典者必能解脫，上師絕不會丟下他。門徒來到上師跟前，有如落入虎口。」

薄伽梵對荷蘭信徒哈茲說：「就算你離開了薄伽梵，他也不會離開你。」有人馬上問薄伽梵：「是只有對他如此？還是眾人皆適用？」

答曰：「眾人皆適用。」

薄伽梵對奧斯本的女兒紀緹說：「假如紀緹想著薄伽梵，薄伽梵也會想著紀緹。」

十六　上師的獻禮

一回，一位門徒嘆息道：「您若不可憐可憐我，我又該何去何從？世上再沒有像我一樣的罪人了。」

薄伽梵：「你我之間是什麼關係？」

門徒：「您是我的上師。」

薄伽梵說：「你說我是你上師，但你有給過我任何上師獻禮嗎？」

門徒答：「我一直都有這個心理準備，但薄伽梵從未準備好要接受。請告訴我該獻上什麼。」

薄伽梵說：「你確定不會反悔嗎？」

門徒答：「您怎麼這麼說？我不會違背諾言的。」

薄伽梵說：「把你所有的善報給我。」

門徒答：「那當然，但我沒有任何善行。」

薄伽梵說：「給我你所有的業報。」

門徒答：「我謹在此將所有業報送給拉瑪那。」

薄伽梵問：「你說你只有一點東西能給，何不獻上你多得是的東西呢？」

門徒答：「好的，但請告訴我可以給什麼。」

薄伽梵說：「可以，但你絕對不能反悔。」

門徒答：「我絕不會反悔的。」
薄伽梵說：「那給我你所有的罪過。」
門徒答：「哦！薄伽梵！我犯過的罪無以計數。」
薄伽梵說：「這不重要，你到底要不要給我？」
門徒十分痛苦地說：「我謹在此依拉瑪那之命，將所有罪過及其果報送給拉瑪那。我和它們再也沒有關係了。」
薄伽梵說：「瞧，你現在沒有善報，也沒有惡報。你就是阿特曼，再也無須傷悲。常駐真我，其餘什麼都不用做。」

十七　入地獄

薄伽梵對一位信徒說：「就算你到地獄，我也會跟去。但我要問你，為何要做出讓你墮入地獄的事呢？」

十八　頭等艙信徒

一位信徒對薄伽梵說：「薄伽梵，只要在您跟前，我們都是好人，但一旦回到自家又回復原本的樣子。我來這已經這麼多年了，但似乎什麼長進。」

薄伽梵說：「頭等艙乘客會先告訴車長他們要在哪下車，請他叫醒他。然後便拉下窗簾睡覺。他們會中途醒來，自問是否已過站了嗎？諸位都像是頭等艙乘客，你們已經告訴車長你們的目的地，車長難道不知道該怎麼做嗎？到達你們的目的地時，車長會親自來叫醒各位。」

這世間還有比這更好的保證嗎？

47 輕鬆時刻

為說明今世業報是無法超越的，薄伽梵講了自己的故事。

一些信眾及門徒會奉獻食物給薄伽梵，堅持要他吃下。雖不情願，他必須照辦。他常說：「只有我明白作為尊者的煩惱。諸位若不感到飢餓，便不必進食，但我若不吃，沒有人會進食。所以無論我飢餓與否，都得吃東西。」

一回薄伽梵想自行離開，至少可以一天不進食。於是他悄悄走向阿魯那佳拉山腳的森林。途中遇見七位到森林中撿拾柴火的婦女，其中一位曾觀謁薄伽梵，馬上認出他，奉上食物請他吃下。其他婦女也這麼做，薄伽梵只得吃下。她們更堅持要與薄伽梵共進午餐。為躲避這項邀約，薄伽梵走森林深處，但這些婦女在午餐時間又出現了。正值夏日，大家都渴了，她們問薄伽梵附近是否有水源，他只得領她們到索拿聖泉。眾人又奉上各種食物。薄伽梵對斷食計畫被打斷感到十分困惑。飯後他沿著繞行之路回到道場。奇怪的是，羅摩史瓦米．艾耶正在路邊休息處，等著為薄伽梵奉上芒果汁。薄伽梵也只得接受。

還有其他類似情況：

甫至蒂魯瓦納瑪萊之初，薄伽梵曾短暫停留戈普拉．蘇布拉曼亞廟。一位高大的信徒每天前來拜訪他，靜靜地坐在他面前。薄伽梵一如往常沉默不語。這位信徒艾耶非常喜歡薄伽梵。一回艾耶在家中安排午宴，請薄伽梵為座上賓。午餐時他請薄伽梵一同前往他家，但薄伽梵拒絕了。艾耶及另一位同樣高大的人，準備抬起薄伽梵。薄伽梵見狀，只得自己起身和他們同往。

另一回，薄伽梵與巴拉尼史瓦米繞行聖山後，約晚上八點回到神廟。巴拉尼前去拿食物。這時依桑亞神廟的住持與弟子來了，圍著薄伽梵，請他到神廟用晚餐。薄伽梵婉拒，但住持令信徒抬起薄伽梵，薄伽梵不悅。他和他們同往，神廟外有台馬車等著他們。薄伽梵被強迫進入馬車，至神廟用晚餐。

當還住在維魯巴沙洞屋時，一回薄伽梵、巴拉尼與另一人開始朝西邊森林走去。路上一位哈利疆婦人正在採集枝葉，見薄伽梵便斥責：「你為何不好好在某處靜坐？何必像我們一樣四處蒐集柴火？」話畢便離去。薄伽梵說：「她為我們上了堂哲學課啊！」

一回新月，幾位正統婆羅門早上前來觀謁薄伽梵。他們想在觀謁後離開，做塔帕南供奉儀式。薄伽梵請他們留下用早餐，有小米粥。盛情難卻，婆羅門們便留下。早餐後，薄伽梵大聲唸出一篇文章，細數洋蔥的好處，他問：「諸位有留意到小米粥裡有洋蔥嗎？」正統婆羅門無法回答。薄伽梵接著說：「把洋蔥切細，用篦麻油炒過，味道就不會有刺激性了。」薄伽梵的開示，是說僅是遵循傳統習俗並不重要，這些傳統只是為了幫助靈性修持。

一回，一位信徒鬱悶地坐在角落，心中埋怨薄伽梵沒給他任何幫助。這時薄伽梵對另一位信徒說：「若你真的要怪罪誰，就去怪一個正直的人。若怪了粗魯之人，可能會被痛打一頓。」信徒聞言十分不安，跑到薄伽梵跟前問：「薄伽梵會回應褒貶嗎？」薄伽梵安慰道：「不會的。但你若要怪任何人，就怪到尊者頭上吧。若怪好人，他會覺得受傷，你也要承受業力。尊者不介意被責怪，你就無須承擔了。」信徒對此感覺不好。

繞行聖山時發生了件趣事。一位信徒唱起一首讚揚上主蘇布拉曼亞的聖歌，有句歌詞「瓦利卡瓦列能」，意即「保護瓦利之人」。他滿是虔誠，開始複誦「卡瓦列能」。激動的情緒中，他忘了這字在坦米爾語中的意思，把它當作是泰盧固語，意思是「我要」。他不斷以泰盧固語說：「我要甜牛奶球，我要炸豆餅……」等等各種食物。周圍的人大笑，他才回過神來。這時一行人到了下一個休息處，恰有幾位信徒拿著他之前說到的食物給大家。眾人皆目瞪口呆。當上主及宇宙之父就在附近時，這位信徒居然只想要一些食物，上主便遂其所願。我們又怎能超越今世業報之束縛呢？

薄伽梵很有幽默感。在維魯巴沙洞屋時，一位北印人來觀謁他，當時只有薄伽梵一人獨自砌泥土牆。訪客以為他是工人，問：「住在此地的尊者是何人？」薄伽梵說：「他出門了。」訪客等了一會兒便離去。次日又是一樣的情形。他回去時被耶夏摩瞧見，問了來龍去脈，便領他回洞中。訪客與薄伽梵相處一會兒才離去。耶夏摩問薄伽梵，如此捉弄訪客是否妥當，薄伽梵說：「妳是要我拿張紙，上頭寫著『我就是尊者』，還是要我把這些字寫在額頭上？」誠然，對睜開雙眼仍不見真相之人，任何人皆是凡夫俗子。

薄伽梵之寬容似無止境。一九〇六年，還住在維魯巴沙洞屋時，薄伽梵下山走動好一會兒，之後走另一條路回去。薄伽梵沒注意到沿途草叢中有虎頭蜂窩，其左大腿劃過蜂窩。蜂群蜂擁而出攻擊他左大腿。尊者覺得是左大腿有錯在先，得承擔其後果，便沒有驅逐蜂群，乖乖讓他們攻擊。之後他才忍痛繼續走，左大腿受創嚴重。

一回薄伽梵走在聖山北側一條小溪旁，突見一芭蕉葉大小的巨大榕樹葉，可作餐盤。薄伽梵好奇地檢視葉子從何而來。費了一番功夫，他見到一塊巨石上有株榕樹。榕樹會長在這種地方真是不可思議。此後薄伽梵便不在山中遊蕩，也勸阻眾人不要做這樣的事。

根據傳說，原靈成就者阿魯那吉里．悉達曾坐在阿魯那佳拉北側一棵榕樹下。或許薄伽梵已經知道是哪一棵樹。而在靈性上的鐵器時代，即便是如薄伽梵一般的智者，也無法看見原靈成就者。

信徒湯馬斯不聽薄伽梵勸阻，前往尋找這棵樹。結果人到了一處，但無法前進，也不能回頭。他後悔自己的愚行，向薄伽梵禱告，後者讓他安全歸來。

薄伽梵對母親的開示是，無論如何努力，都無法改變命運。此開示並非只是讓他度過當時的情境，他確實如此相信。時機到時，我們必須經歷預先安排好的命運。

一日，在瓦蘇德瓦．夏斯特里等人的陪同下，薄伽梵前往帕加阿曼神廟沐浴。回程抄了捷徑。當時是早上十點，烈日當空，薄伽梵也累了。一行人到達龜形巨石時，薄伽梵有了以下體驗，他親口說：

我眼前的自然景致突然消失，眼前拉上了一道白色閃亮的窗簾，遮住了自然景致。整個過程十分清晰。我見到尚未被遮住的景色，其餘則被移動的窗簾遮蓋。像是在顯微鏡下，一塊玻片劃過視野。我停下腳步以免跌倒，等它散去，才往前走。再一次發生時，我感到暈眩，眼前一片黑，只好靠在石頭上，直到視野清晰為止。此時白色閃亮的窗簾完全遮住我的視野，我腦袋昏沉，心跳及呼吸均停止，皮膚成灰藍色，像是在死人身上見到的樣子，顏色越來越深。瓦蘇德瓦．夏斯特里以為我真的死了，抱著我大哭，哭到全身顫抖。我清楚地感覺到他抓著我、他的顫抖，而聽見他的哭喊也了解發生了什麼事。我也見到自己皮膚顏色的變化，感到呼吸與心跳停止，四肢越來越冰冷。但我的念頭仍持續（「禪定」或「無分別三摩地」）。我一點也不害怕，也不為身體狀況悲傷。走近石頭時，我便閉上眼，以我平常的姿勢坐著，沒有靠著石頭。無呼吸心跳的身體仍繼續保持此姿勢。這個狀態持續十到十五分鐘。接著一道電流突然穿過全身，心跳與呼吸猛地恢復，每個毛孔都出汗，皮膚恢復血色。我睜開眼，起身說：「走吧。」我們到達維魯巴沙洞屋，一路平安。呼吸心跳皆停止，我只有過這麼一次。

——摘自《了悟真我》

薄伽梵澄清，他並非自主地讓此狀態發生去體驗死時會發生的事。他有時也有類似經驗，但這回非常特別。

一回，一位富有的信徒說，他拜訪薄伽梵已超過十年，卻不覺自己在靈性上有所進步。薄伽梵說：「要到卡西的頭等艙乘客，會先請車長在到達卡西時叫醒他，接著拉下窗簾睡覺。假若他半夜醒來，不斷叨念火車可能已過卡西了，你會說他是個聰明人嗎？他的職責是告知車長，車長難道不會善盡職責嗎？」

這位信徒通常都會搭乘頭等艙，而薄伽梵就是車長。他想到達「解脫之都」，難道車長不會善盡職責？他又何需困惑？

薄伽梵通常會給予甜美的答覆，有時也有批判性的幽默。一回，一位信徒堅持要薄伽梵讓他立刻解脫。

「解脫是什麼？」薄伽梵問。

「我會完完全全地快樂，不會想到這個世界或是它所帶來的苦難。」

「那就上床睡覺吧，你不會想到這個世界的。」薄伽梵答。

一位來自蒂魯瓦納瑪萊的訪客，邀請當時在大殿上所有的信徒到他家用晚餐。薄伽梵問：「你怎沒邀請我？」眾人大笑，訪客不知該說什麼。薄伽梵見其窘境，說：「走吧，我無所不在。」並朗誦偈子「我全身皆化為消化之火……」薄伽梵的保證是對訪客至大的恩典。薄伽梵自己曾說：「來這裡的人不會空手而回。不信神者會信神，信神者會成為信徒，信徒會變得有見地，有見地者會成為真知者。」這世間還有更好的保證嗎？

48 奇蹟

納雷辛荷坐在薄伽梵面前，將《維韋卡南達尊者之生平與教誨》譯為坦米爾語時，忖度薄伽梵是否能如羅摩克里虛那尊者一樣，只憑手觸便能讓人經驗真理。尚未來得及提問，耶夏摩便進來問薄伽梵，是否每個人都能獲得神通。

薄伽梵引用《真理詩頌四十則》中的第三十五首，一次回答兩位的疑問：

能分辨、常駐於恆久之真理中，是真正的成就。其他成就有如夢中所享之力量，醒來時，這些力量是否為真？常駐真理、屏除不實之人，難道會為此所惑？

——史瓦米那坦譯

薄伽梵之開示是說，了悟真理、常駐於其中，即是擁有最大的能力。我們不應分心於修行路上所獲得之能力。

薄伽梵也說若某人命中註定有神通力，也會得到。大悟者引用〈補篇〉第十五首：

> 愚人不明白是至上大力引領他向前，而非己身力量，因此忙於得到神通法力。有如跛腳者向朋友吹牛：「你若將我離地舉起，這些敵人在我面前根本不算什麼。」
>
> ——史瓦米那坦譯

薄伽梵之門徒大多贊同此觀點。但有些人說：「薄伽梵是史堪德轉世，是真知者，擁有所有的神通法力。」對一般人而言，神通法力是最要緊的。這章是為了顯示薄伽梵門徒與他人不同的觀點。

並非所有參謁薄伽梵者，都有奇蹟體驗。但若因此說奇蹟不存在，是錯的。畢竟這與信眾個人之今世業報有關。

據說薄伽梵住在山中時，能說動物之語，解其心思。此外，薄伽梵會以訪客之母語與之交談，且常在他們尚未提問前，就予以答覆。

納塔那南達之兄弟曾心想：「他們說薄伽梵有上主之神光，果真如此，那他為何不能知道我的心思，釐清我對阿特曼本質的疑惑？」除非是回答問題，薄伽梵通常不會主動開口。但這次他主動為他解釋阿特曼之本質。

瑟夏迪．史瓦米及薄伽梵對庫魯馬尼．那拉揚．夏斯特里都十分憐惜。他將瓦米其之《羅摩衍那》以梵文寫成散文，決心將其示與薄伽梵。他買了串香蕉作為伴手禮，在往薄伽梵的路上經過一座寺廟時，在心中將一根香蕉獻給加納帕提．慕尼。看到薄伽梵時，他奉上整串香蕉。道場人員要將香蕉拿進屋時，薄伽梵說：「等等，讓他把獻給加納帕提的那根拿出來吧。」

夏斯特里還不及開口談論他的《羅摩衍那》，薄伽梵便說：「把你的《羅摩衍那》拿出來唸吧！」

警察督察戈帕拉．皮萊有好些年都幫忙為誕辰慶典募款。他被調走時，信徒很沮喪，前去對薄伽梵抱怨：「去年我們有十大袋的米可煮，今年大概連一袋都沒有了。」薄伽梵沉默不語。當天午夜有人敲道場大門，眾人打開門，只見兩輛載滿食物的卡車，要捐給道場。這位善心人士沒有告知姓名，只說他發願捐獻，便離開了。

類似的事發生過很多次。有幾次有人告知薄伽梵庫房空了，便會有奇蹟發生，解決食物短缺的問題。

有些人會問薄伽梵關於自己的未來，他從不回答，但他必定知道未來之事。

一些住在斐濟、說北印語的人，向薄伽梵抱怨：「薄伽梵，好幾種語言都有您的傳記，獨缺北印語。」薄伽梵說：「北印語傳記的作者現正帶著作品來了。」當下並不見其作者維卡特史瓦瑞．沙瑪出現的端倪，但就在薄伽梵說完幾分鐘後，他就帶著其譯本出現了。

甘地於椰拉瓦達獄中絕食時，許多人擔心其健康與性命。有人讀了報上新聞，十分不安，薄伽梵見狀，問他怎麼了，他大哭：「甘地或許很快就要離開了。誰要來領導我們呢？」薄伽梵微笑：「是嗎？」對此信徒而言，此言有如甘露。其餘的就交給歷史了。

薄伽梵慈祥的眼神，能治癒信徒疾病，如羅摩史瓦米．艾耶及耶夏摩。下面又是一例。葛利達魯．薩塔那拉揚．拉奧的消化道內壁罹癌，連吞水都有困難，無法吃藥。其親友向薄伽梵說了，薄伽梵前往探視。病人坐起身對薄伽梵說：「您或許認為我是個罪人，但我母親及兄弟皆是您虔誠信徒，至少看在他們的份上，救我一命吧！」他抓住薄伽梵的手放在心上。薄伽梵讓他躺下，凝視其心大約四分鐘後離去。當晚病人嘔出肉與血塊，彷彿有人在他體內動了手術。次日他便能吃藥飲食。

薄伽梵之話語力量強大。一回一位酒醉的年輕男子進入大殿，大喊：「我就是梵。」薄伽梵沉默了好一陣子，但叫聲打擾到靜坐的人。薄伽梵輕聲對他說：「安靜。」年輕男子便失去了說話的能力。許多人吃了道場的香灰，病就好了。

一晚，廚房已準備好二十人份的飯菜，這時突然又有二十人抵達要加入晚餐。在廚房工作的桑塔瑪前去請薄伽梵幫助。奇怪的是，飯菜竟然夠所有人吃。

一九〇五年，信徒蘭加史瓦米．艾言格安排薄伽梵待在帕加阿曼神廟。他出去小解時，來了隻花豹。他試著把花豹嚇走，但豹卻開始低吼。他嚇壞了，一邊唱誦著拉瑪那之名，一邊逃命。花豹通常不會放過這樣的人，但這次卻沒有動靜。薄伽梵來到附近，要信徒指花豹給他看，卻不見其蹤影。這可能是記得拉瑪那之名的力量。

另一回在帕加阿曼神廟，一位甫自馬德拉斯前來的信徒去附近一處水池沐浴。正在廟中與幾位訪客談話的薄伽梵，突然起身走出去。這時一隻老虎正盯著水池邊的陌生客人，或許這是他的大餐！在薄伽梵的喝斥下，老虎回到森林裡，這位訪客撿回一命。

薄伽梵在某些人面前化身為一道光柱，正如之前提到的西瓦普雷克薩姆．皮萊及加納帕提．慕尼。下面又是一例。

拉加瓦查里自一九〇一年起擔任蒂魯瓦納瑪萊之行政首長。他偶爾會觀謁薄伽梵，但每次薄伽梵都被人群包圍，他因此遲疑是否該開口。以下是他親自口述：

一天，我抱著三個問題前來請教薄伽梵。「我可以私底下單獨和您談話幾分鐘嗎？我是通神學會的會員，想請問您對這組織的看法。假如我有這個資格，可以請您示現您真正的法相嗎？」我對薄伽梵行大拜禮後坐下，本來在場的三十個人突然散去，只剩我與薄伽梵。沒有開口，我的第一個請求就得到回應。我印象深刻。

接著薄伽梵問我手中的書是否為《薄伽梵歌》，以及我是否是神智學會的會員。沒等我回答，他就說：「學會做了很多好事。」我點頭稱是。

薄伽梵回答了第二個問題，我熱切期盼第三個問題的答覆。半小時後我說：「阿周那想觀謁克里虛那尊者之法相，假如夠資格的話，我也想觀謁您真正的法相。」他當時正端坐著，旁邊牆上有幅南面神濕婆之畫像。他一如往常沉默地往前看，我凝視著他的雙眼。接著他的肉身及南面神濕婆畫像從我眼前消失不見，周圍空無一物，連牆都沒有。接著我看見一白色雲朵，有大悟者及南面神濕婆之輪廓。漸漸地，銀色的輪廓出現，閃電般的線條畫出眼睛、鼻子等細節。這些逐漸放大，直到尊者及南面神濕婆全身發出強烈、不能直視之光輝。於是我閉上雙眼。幾分鐘後我睜開眼，看見尊者及南面神濕婆平常的樣貌。我行大拜禮後離去。這個體驗讓我印象深刻，以致於之後有一個月，我都不敢走進他。

一個月後，我上山在史堪德道場前會見他時說：「一個月前我向您提出一個問題，有了以下體驗。」然後把上述經過一五一十告訴薄伽梵，請他解釋。過了一會兒，他說：「你想見我的法相。你見到我消失不見，我是無形無相的。因此你的體驗或許是真相。但接下來的景象，或許是出自你對《薄伽梵歌》之理解。加納帕提．夏斯特里（指慕尼）也有類似經驗，你可以請教他。」我並沒有請教夏斯特里。

——摘自《了悟真我》，納雷辛荷

讀者至此已猜到，薄伽梵與原靈成就者一樣有神通法力。薄伽梵本人曾說他可同時在不同天界移動，在不同天界有不同的法相。

一回薄伽梵說，聖人阿魯那吉里體內空間巨大，可容一個軍團，幾位瑜伽行者在此苦行。一般人是說不出這種話的。

我們已提過，在蒂魯沃特尤，薄伽梵之恩典化現於加納帕提．慕尼面前。以下是類似的例子。

《拉瑪那之歌》的提問者之一，阿米塔納達曾至哈利德瓦。他與友人桑卡拉南達在圖立亞道場苦行。一次談話中，桑卡拉南達說自毗達蘭亞之後，印度就再無大成就者及真知者。

阿米塔納達不同意，說薄伽梵即是一完全大成就者及真知者。但桑卡拉南達不認同。阿米塔納達便說：「你信奉卡提克亞，我們認為薄伽梵是卡提克亞轉世。這邊是一幅薄伽梵法照。你可以坐在前面，持卡提克亞咒一段時間。若你到時仍無法體驗薄伽梵之恩典，我就可以同意你的說法。」

桑卡拉南達接受挑戰，每天持卡提克亞咒半小時。四天過去。第五天黃昏，桑卡拉南達正坐著持咒，一道燦爛光輝進入薄伽梵法照，對他說：「你持咒的方式不對。」「應該怎麼做呢？」桑卡拉南達問。

「你必須供奉、觀想錫蘭的卡悌卡曼神廟中的畫像。」畫像中的拉瑪那說。桑卡拉南達說：「我從沒去過卡悌卡曼神廟，畫像是什麼樣子呢？」

「在這裡。」拉瑪那畫像說著，把那幅畫像放到桑卡拉南達面前。他用一隻眼看著那畫像，另一隻眼看拉瑪那法照。突然一隻蜥蜴掉到他腿上，讓他分心了。他轉回頭一看，那幅畫像和拉瑪那都消失了。他跑出去問幾位在房子外的工人，也說不見有人出入屋子。這時阿米塔納達來了。桑卡拉南達問他：「你的尊者和這幅畫像有何不同？」答曰：「前額有些灰髮，其他頭髮則是深色的。」

桑卡拉南達立刻前往阿魯那佳拉，經過幾個月的波折，終於到達阿魯那佳拉，在史堪德道場見到薄伽梵。薄伽梵見到他，馬上用馬拉亞里語問：「你從哈利德瓦來的吧？」桑卡拉南達十分驚訝，他在哈利德瓦所見確實是拉瑪那，但大家都說拉瑪那從沒離開過這裡。

桑卡拉南達寫了《拉瑪那八句經》，在鸚鵡洞住了兩個月侍奉薄伽梵。他也寫了《拉瑪那尊者一〇八聖名》以及持唸拉瑪那之名的方法，和其他五句偈子一起請薄伽梵過目。他不適應阿魯那佳拉之氣候，返回烏他拉卡西。

薄伽梵之臨在下有數不清的奇蹟發生，以下是幾個例子。

某次薄伽梵誕辰，一隻金黃色的獴和其他信徒一樣上山，眾人皆驚訝地看著其行動。他先來到維魯巴沙洞屋，見到巴拉尼史瓦米，有如見到老友。檢視山洞不見薄伽梵，便上來到史堪德道場，穿過人群到薄伽梵身邊。薄伽梵撫摸獴後，他便坐在薄伽梵膝上一段時間，後進入道場，再離開。用餐時間他大搖大擺走動，彷彿在巡視一切。他沒有進食，過一會兒往山南走去，而沒有下山。

一回薄伽梵下山繞行聖山，突然感覺天空只有及膝高度，繁星皆繞著他轉。另一回在喬達摩道場繞行時，薄伽梵見到六顆星星依序繞著聖山。另一回繞行時，燦爛光輝環繞著薄伽梵一行約十五人，停留數分鐘後消失了。所有人皆見證此景。

一回薄伽梵一行人在阿迪．安那馬萊神廟休息，聽見唱誦《薩瑪吠陀經》之聲，薄伽梵及眾人遍尋不著歌者。

有些信徒告訴薄伽梵：「薄伽梵，您常說本心是在胸腔右側，但我們感覺不到。」薄伽梵請他們摸他胸腔右側本心處，大家都皆感受到三次心跳、之後緊接著一停頓，也感受到體內湧現新的力量。

道場人員經驗過無數薄伽梵之奇蹟，就算小事也是如此。但薄伽梵對此完全不放心上。

49 上主轉世之本質

現代人不信有天堂或地獄。任何事都講求證據。

一位來自馬杜賴之信徒問薄伽梵，是否真有靈及鬼魂。

薄伽梵說：「有。當他們和我們一樣，同處相對真實之不同域界。」

信徒又問：「那濕婆等並非只是幻想出來的，是真實的嗎？」

薄伽梵：「那當然。」

信徒說：「若他們和我們類似，那他們也要承受世界幻滅的結果。」

薄伽梵答：「不然。假如你能成為真知者、解脫者，那他們這些更有智慧的至上真知，自然能成為不朽的至上真知。」

我們已提過加納帕提．慕尼於《拉瑪那之歌》中強調薄伽梵為史堪德轉世。史堪德是誰？「上主轉世」又是什麼？

上主汎愛眾生，為眾生利益，透過幻相之助示現。他為特定目的化身為特定神祇。其中一個化身為史堪德，祂掌管所有武器及相關梵咒之力量。《羌多加奧義書》稱他為撒那庫馬拉。被視為庫瑪拉、蘇布拉曼亞、瑟納尼（指揮官之意）崇拜。充滿智慧，能破除一切執著，是位靈性上師。有人的理論是，這位普世上師化現為拉瑪那，透過其教誨將真知帶給人類。

上主轉世（*avatara*），是指上主的某項特質化身為人形，以實現特殊目的。上主轉世有很多種。

即便我們有些許神性，但除非特別明顯，否則不能自稱是上主轉世。透過不懈的苦行，能漸漸表達神性的某些層面。這種人仍是苦行者，不是上主轉世。只有在上主之力量自行於肉身五界突然表發，這才能說是上主轉世化現。

不同神祇，如濕婆，為不同目的化身人形。羅摩等人現身剷除阿修羅力量，帶來真知。據說濕婆可滅物質世界，但本質上祂滅的是心靈，進而滅個體意識的個體性。

其子庫瑪拉掌管所有武器梵咒，為真知化身，靈性上師。濕婆的上師法相被稱為「南面神濕婆」，也可稱為「史堪德慕提」。拉瑪那也是此類靈性上師，為眾生帶來真知。

普通瑜伽行者之肉身無法承受看見梵化身之能量。克里虛那之轉世查堂亞、羅摩克里虛那尊者，在宇宙本體之光出現時，其肉身也失去控制。若肉身進入更高層次，必會毀滅。有人說迦納瓦其亞正因如此，才力勸妻子佳琦不要探尋她不該探尋之物。薄伽梵仍能控制其身心，這只有上主轉世才能辦到。

羅摩克里虛那尊者說過，只有在無分別三摩地之境地，方能感受到與至上真理合一，而在無分別三摩地超過二十一天，肉身便不能存。細究各瑜伽行者之生命歷程，其肉身確實無法處在無分別三摩地境地太久，因此拉瑪那必是上主轉世才能辦到。

我們大可直接下結論，說大悟者是史堪德之轉世，但靈性上師之本質仍值得深究，仍需透過證據與推理證實此事。

拉瑪那為史堪德之轉世

拉瑪那自小雖不知上主，但認得阿魯那佳拉。其真知並非透過苦行而得，也非與生俱來。他和其他聖人一樣，憶起真知。沒有其他瑜伽行者以此法獲得真知。

普通瑜伽行者很難超越清醒、作夢、熟睡三境地，進入純粹意識之境。三摩地時有可能了悟梵之化現，但在無分別三摩地時，很難進入無主客之別的境地。此境地稱為與「天地同流」，是無法常駐其中的。所有的印度教徒皆相信上主克里虛那之一生，皆在梵我合一之境地。祂是宇宙意識轉世，因此這種能力也只有其他宇宙意識轉世才能有。薄伽梵拉瑪那同樣一直處於梵我合一之境地，若他不是上主轉世，又怎能辦到呢？

即便是商羯羅，也需透過個人梵咒獲得真知。只有拉瑪那無須透過此便得真知。根據經典，只有宇宙意識轉世才能被允許這麼做。

以下證據顯示拉瑪那為史堪德之轉世：

一九〇八年三月，薄伽梵與加納帕提．慕尼在帕加阿曼神廟。一天清晨，加納帕提．慕尼見一道亮光碰觸薄伽梵之前額，而在環繞薄伽梵的亮光中，出現了六顆顏色相異的星星。庫瑪拉有六個母親，合稱克里提凱。

前面提過，拉加瓦查里之親身經驗：薄伽梵在此人面前化現為南面神濕婆。南面神濕婆與庫瑪拉之本質相同。

薄伽梵在西瓦普雷克薩姆．皮萊面前化現為水晶，而水晶與濕婆之本質有關。

耶夏摩於康度庫魯夢見一法相，她認為是史堪德。之後她見到薄伽梵本人，發現他即是夢中之人。

薄伽梵自幼便感覺阿魯那佳拉為其父親。他在抵達蒂魯瓦納瑪萊之前，並不知其為山或洞穴。

香卡拉南達．巴拉蒂信奉史堪德。薄伽梵賜予他大量恩典。有些人持史堪德咒時觀想薄伽梵，有很好的結果。同樣地，在持念神的一〇八個聖名時，觀想拉瑪那為史堪德，也有很好的效果。

從《神聖瓦西斯塔》一書，可知加納帕提．慕尼之神通力量強大。而他以神通見薄伽梵即是史堪德。此言值得重視。

薄伽梵亦於一九二二年說「他是第三個出世的孩子」。這不就是在說庫瑪拉嗎（其兄為象頭神）？

薄伽梵之體態與位於巴拉尼城的當達宇塔帕尼神像相似。當地神像雕刻師皆十分熟悉《阿含經》。

一九四二年十二月二十六日，阿樂美拉瑪自馬德拉斯前來道場。她接到友人虔加瓦拉亞．皮萊來信，說他發願至蒂魯塔尼對當地神祇做牛奶灌頂。阿樂美拉瑪出示薄伽梵此信，後者問：「他去做灌頂，不來這了嗎？」她聽不懂，便不作聲。薄伽梵又問一次，接著說：

「沒關係。」然後將信還給她。她要離去時，薄伽梵說：「那位師父來過這裡了。」

根據濕婆派傳統，迦納．桑邦達為庫瑪拉轉世，前者之歌曲也這麼說。阿帕及其他濕婆派聖人也接受此說法。若說薄伽梵為桑邦達轉世，那他也會是庫馬拉之轉世。

拉瑪那為桑邦達轉世

一九一三年，加納帕提．慕尼基於以下理由，闡述薄伽梵為迦納．桑邦達之轉世：

桑邦達十六歲時觀謁遒蒂，自此便捨棄了俗世臭皮囊。拉瑪那也是在此年紀覺醒，開始其任務。換言之，拉瑪那是繼續桑邦達未完成之任務。

桑邦達非常虔誠。拉瑪那的證悟始於虔誠，終於真知。真知是虔誠的最後階段。

桑邦達等人融入神性之光，拉瑪那也總是有神性之光環繞。

在拉瑪那面前唱誦桑邦達的歌曲時，他的法相獨特，說明兩者十分親近。

拉瑪那只有高中畢業，其教育程度不足以作詩。但桑邦達是偉大的詩人；而拉瑪那也有相同的傳承。

拉瑪那於阿拉耶尼那魯神廟看見神性之光，桑邦達也在此處見到阿魯那佳拉上主以光之形象出現。拉瑪那曾對卡帕里及加納帕提．慕尼述及此事。加納帕提．慕尼因此對拉瑪那說：「這經驗和迦納．桑邦達一樣。」拉瑪那只說：「沒錯，沒錯。」便轉移話題。

康祺．卡馬寇蒂神廟之大師父曾對一位信徒說，前來弘揚真知瑜伽的拉瑪那，和之前的庫馬里拉．巴塔是同一人。

上述論點並非沒有爭議。但整體而言，薄伽梵大概是史堪德轉世，也是迦納．桑邦達及庫馬里拉．巴塔之法相。

多數轉世上師前來消除惡人，但這位轉世上師是來傳播知識。其真正的目的為何？當奧義書哲理「萬物皆為至上真知」被拋棄時，佛陀降生，其弟子弘揚萬物皆空。為重建梵之重要性，商羯羅降生。但商羯羅認為，肉眼可見皆為幻相，此論點無法親身體驗，淪為純理論。拉瑪那轉世來完成商羯羅之任務。他採用探究真我法門，藉此確立唯有至上真知方為真實，真我、世界、至上真知，實為一也。他常駐於純粹意識之境，確立這是可以被體驗的。拉瑪那是為提升不同靈性階段之人而降生於世的。

作為庫馬里拉．巴塔，他確立行動法門是最高的法門；作為詩人迦納．桑邦達，他將虔誠法門帶進眾生；作為拉瑪那，他展示了生命之目的是為常駐真我，透過真知法門處於與天地同流的境界。實在是了不起！

獻詞

哦！興起於岡汀耶聖地、岡汀耶河畔的拉瑪那！請接受岡汀耶之子*不完美作品的供奉。

迦納·桑邦達以詩為媒介，但是否合宜？拉瑪那，有您這慈悲化身做我的父親、我的上主，我便不以自己不能作詩為悲。

我寫下我知道的，但我不知的更多。若因而漠視我的作品，實在有失公允！

善讀者啊！你知道純粹無汙染的牛奶，即便量不多，仍勝過變質的大量牛奶。

拉瑪那帕南

---

* 本書泰盧固文作者克里虛那·畢克修屬於岡汀耶氏族。

附錄一

蒂魯丘立孫德倫故居

蒂魯丘立孫德倫故居（Tiruchizhi Sundara Mandiram）薄伽梵於蒂魯丘立出生的屋子，在一八九五年被變賣清償債務。幾經轉手，於一九三四年由蒂魯丘立的納達協會（Nadar Sangha）持有。協會有一座學校，屋子是作為教師宿舍。

一些信徒認為薄伽梵出生的房子是聖地，應由拉瑪那道場持有。由於屋子是由協會法人持有，取得的過程幾經波折。最後是一九四四年，道場執行長尼倫伽南達尊者於馬杜賴停留數月，方成功購得。本欲命名為「拉瑪那故居」，但薄伽梵指出：「蒂魯丘立人哪會知道誰是拉瑪那呢？當地人尊敬父親及母親。把它叫作『孫德倫故居』吧。」

誠然。眾所皆知孫德倫．艾耶十分慷慨，備受尊敬。一回幾個搶匪圍住了地方法官的車，但當「長官」（Vakil Sir）突然出現時，他們就悄悄離開。地方法官毫髮未傷地逃過一劫。

一九四四年九月十三日，印度各地的信徒來到蒂魯丘立。鎮上長老以高規格接待道場執行長等人，領他們前往布米納特施瓦神廟祭拜。

傍晚，眾人帶著薄伽梵及其父母之畫像在鎮上遊行。和廟宇神像出巡時一樣，這些畫像也得到適當的供奉，之後放在孫德倫故居。自此，此地便定期供奉，不久，也有讓參訪者留宿的設施。對薄伽梵信徒而言，孫德倫故居成了神聖祠堂。

附錄二

尊者生平大事年表

蔡神鑫

一八七九年　十二月卅日凌晨一時，誕生於印度南部泰米爾·納德邦，蒂魯丘立小鎮。

一八九一年　小學畢業後，轉赴丁迪古爾，繼續學業。

一八九二年　二月十八日，父親逝世，舉家分兩地，投靠兩位叔父。拉瑪那在馬杜賴，就讀於史考特中學及美國教會高中。

一八九五年　十一月，首度耳聞親戚長者告訴他，來自「阿魯那佳拉」。

一八九六年　七月十七日，在馬杜賴居家樓上房間獨處，身歷瀕死經驗，乃了悟真我。
八月廿九日中午，離家搭火車，前往聖山的城鎮蒂魯瓦納瑪萊。
九月一日抵蒂魯瓦納瑪萊，逕入阿魯那佳拉史瓦瑞神廟。

一八九七年　移往古魯墓廟。

一八九八年　五月，遷往芒果園。叔父來芒果園，尋見拉瑪那，勸其返鄉未果。
九月，移往帕瓦拉·崑德魯山丘。

一八九九年　十二月，母親登陟山丘，初見離家的拉瑪那，苦勸其返鄉未果。

一九〇〇年　二月，移往阿魯那佳拉山腰坡地，先在東南邊山坡處的阿拉瑪羅蘇·古海洞（榕樹洞）居留六個月，又轉往西側上坡的古海·那瑪斯瓦雅神廟，最後，移至神廟上坡處的維魯巴沙洞屋居住。夏季期間，則暫時棲身於鄰近的芒果樹洞，或返居於上述兩處洞窟。自此展開十七年的「維魯巴沙洞屋」時期。

在維魯巴沙洞屋，應甘布倫·謝夏雅請益，拉瑪那以坦米爾文，筆答於紙上，後來輯印成〈探究真我〉專文。

一九〇二年　西瓦普雷克薩姆·皮萊提問「我是誰？」當時拉瑪那暫棲於古海·那瑪斯瓦雅神廟後方的洞窟，手寫答覆文於沙地或石板上，後來輯印成〈我是誰〉專冊。

一九〇五年　避當地大規模瘟疫，移居於北邊的帕加阿曼·科爾六個月後，返回洞屋。

一九〇七年　十一月十八日，拉瑪那與慕尼兩人生命中最重大的相會際遇。慕尼請示教導，拉瑪那首度啟口開示，打破自抵聖山以來的靜默噤語。從此，拉瑪那被尊稱為「薄伽梵·拉瑪那·大悟者」。

一九〇八年　一月至三月，拉瑪那與慕尼等幾位同伴信徒，短暫居留於帕加阿曼·科爾。

一九一一年　十一月，第一位西方國家信徒韓福瑞來訪。

一九一二年　在龜形巨石附近，發生第二次瀕死經驗。

一九一四年　母親病重，向聖山阿魯那佳拉祈求康復。

譜寫〈阿魯那佳拉五讚頌〉及若干譯作。

一九一六年　遷居至史堪德道場，第一處以道場命名的居留地，為期六年。

一九一七年　母親在史堪德道場定居。

慕尼以梵文編撰《拉瑪那之歌》。

一九二二年　五月十九日，母親仙逝。

五月至十二月，結廬於聖山南麓的母親墳地旁，信徒會聚日眾，逐漸形成聚落，開啟拉瑪那道場新頁。拉瑪那在此居住廿八年，直至辭世。

一九二四年　六月廿六日，盜賊入竊道場，棒傷拉瑪那。

一九二六年　拉瑪那停止環山繞行。

一九二七年　編撰《教導精義》、譜寫《真我之知》讚歌。

一九二八年　編譯《真理詩頌四十則》坦米爾文、馬拉雅姆文版本。

道場「舊廳」建成。

一九三三年　《聖教論》節錄譯成坦米爾文。

一九三九年　九月一日，為興建母親神廟奠基。

一九四〇年　自《薄伽梵歌》擇取四十二則偈頌，譯成坦米爾文及馬拉雅姆文。

一九四七年　二月，編寫《真我五頌》泰盧固文及坦米爾文。

一九四八年　牛隻拉西米病亡。

將商羯羅的《真我之知》梵文偈頌，譯成坦米爾文。

一九四九年　二月九日，左手肘腫瘤，第一次手術。

三月，新廳、母親神廟落成。

三月廿七日，第二次手術。

八月七日，第三次手術。

十二月十九日，第四次手術。

一九五〇年　一月，搬入「涅槃室」小屋。

四月十四日，晚間八時四十七分辭世。同一時刻，一顆流星飛越阿魯那佳拉山頭，隕落而消逝。

庫魯馬尼·那拉揚·夏斯特里 Kulumani Narayana Sastry
戈帕拉·皮萊 Gopala Pillai
椰拉瓦達 Yerravada
葛利達魯·薩塔那拉揚·拉奧 Griddalur Satyanarayana Rao
桑塔瑪 Santamma
阿米塔納達 Amritanatha
哈利德瓦 Haridwar
桑卡拉南達 Sankarananda
圖立亞道場 Turiya
毗達蘭亞 Vidyaranya
卡悌卡曼 Kadhirkamam
《拉瑪那八句經》 Ramanashtakam
《拉瑪那尊者一〇八聖名》 Sri Ramanaashtotharasata Namavali
烏他拉卡西 Uttara Kasi
《薩瑪吠陀經》 Sama Veda

49

《羌多加奧義書》 Chandogya Upanishad
瑟納尼 Senani
南面神濕婆 Dakshinamurti ，也可稱為史堪德慕提 Skandamurti
查堂亞 Chaitanya
迦納瓦其亞 Yagnavalkya
佳琦 Gargi
與天地同流 sahaja
香卡拉南達·巴拉蒂 Sankarananda Bharati
當達宇塔帕尼 Dandayudhapani
阿樂美拉瑪 Alamelammal
虔加瓦拉亞·皮萊 Chengalvaraya Pillai
迺蒂 Jyoti
康祺·卡馬寇蒂神廟Kanchi Kamakoti
純粹意識之境 turiyateeta

獻詞

拉瑪那帕南 Sri Ramanarpanam

撒南達 Sananda
撒那簇加塔 Sanatsujata
撒那庫馬拉 Sanatkumara
《濕婆神話》 Sivarahasya
《本心與頂輪》 The Heart and the Sahasrara
《萬物同宗五句經》 Ekatma Panchakam
《阿特曼五句經》 Atma Panchakam
〈上主林伽神祕事蹟〉 Prabhu Linga-Leela
《廣究經集粹》 Vichara Mani Mala
沙度·尼沙拉達斯 Sadha Nischaladas
《廣究經》 Vichara Sagar
阿魯那佳拉·穆達利爾 Arunachala Mudaliar

42
葛朗特星盤 Nadi grantha
卡維康塔 Kavyakantha
克里虛那慕提 Krishnamurthy
拉瑪羌卓·拉奧 Ramachandra Rao
梅寇特醫師 Melkote
桑卡拉·拉奧醫師 Sankara Rao
斯利尼瓦撒·拉奧醫師 Srinivasa Rao
西米帕提 Lakshmipathi
魯史瓦米·穆達利爾 Guruswami Mudaliar

43
T·S·艾耶 T. S. Iyer 醫師
穆斯醫師 Moos
卡毗拉吉醫師 Kaviraj

44
教範師 acharyas
夏克提交會處 Sivasakti kshetras

45
阿優達 Ayodhya
阿拉達那 aradhana
孫德倫·切提爾 Sundaram Chettiar
皮丘·艾耶 Pitchu Iyer

46
納拉·皮萊 Nalla Pillai
《阿魯那佳拉傳奇》 Arunachala Purana
魯卓拉吉·龐迭 Rudraraj Pandey
哈茲 Hartez
奧斯本 Osborne
紀緹 Kitty

47
索拿聖泉 Sona-teertha
依桑亞神廟 Easanya math
哈利疆 Harijan
塔帕南供奉儀式 tarpanam
鐵器時代 Kali-yuga
湯馬斯 Thomas

48
《維韋卡南達尊者之生平與教誨》 Vivekananda's Life and Teachings

Sarma
塔努馬撒月 Dhanurmasa
〈蒂魯帕瓦〉 Tiruppavai
《泰提利亞奧億書》 Taittiriya Upanishad
我存在 Aham asmi
毛尼 Mouni
〈盧爪經〉 Rudram
〈上主讚歌〉 Purusha-sooktam
〈尊者讚歌〉 Srisooktam
阿德拉達響日 Ardra darshan
納達斯瓦朗 Nadaswaram
阿提 aarti

40
羅卡瑪 Lokamma
聖羅勒 tulsi
亞達瓦人 Yadavas
穆達利爾老奶奶 Mudaliar Patti
瑪德瓦·史瓦米 Madhava Swami
帕加 Palghat
昆跋寇南 Kumbakonam
原靈成就者（希達普魯夏） siddha purusha
《拉瑪那教誨》 Ramanar anubhuti
加塔宇 Jataya
薩瓦達利年 Sarvadhari
阿尼月 Ani
唐家佛區 Thanjavur District
英吉寇萊 Injikollai
蘇布拉曼亞·穆達利爾 Subramanya Mudaliar
卡瑪克希 Kamakshi
阿恰拉普朗 Achalapuram

41
裘加巴 Yogamba
聖壇城 Sri Chakra
普里 Puri
商羯羅阿闍黎 Sankaracharya
立體壇城 Meru Sri Chakra
《大成就者之特質》 Characteristics of a Siddha
〈天鵝之歌〉 Hamsageeta
《崔蘇拉普拉·馬哈提安經》 Trisulapura Mahatyam
《無上阿特曼供奉》 Paratma Pooja
《無上供奉》 Para Pooja
《阿特曼供奉》 Atma Pooja
馬哈史瓦瑞神 Maheswara
《迦納斯瓦與毗托巴對話錄》 Conversation of Jnaneswara and Vittoba
馬努·蘇貝達 Manu Subedar
《虔誠者傳》 Bhakta Vijayam
《一封信》 Ekam aksharam
叟馬孫德倫尊者 Somasundara Swami
《光明節》 Dipavali
那拉揚 Narayana
奈洛恰圖達希光明節 Naraka-chaturdasi
《南面神濕婆化身》 Manifestation of Dakshinamurti
撒那卡 Sanaka

36
薩維帕利·納拉辛哈 Sarvepalli Narasimham
奧塔卡孟德 Ootacamund
拉加瓦查里 Raghavachari
A·S·克里虛那史瓦米·艾耶 A. S. Krishnaswami Iyer
菲利克斯·魯道 Felix Rudols
《國際心靈月刊》 International Psychic Gazette
哈利·迪克曼 Harry Dickman
庫魯吉米 Kurujeemi
庫魯克謝塔 Kurukshetra
《論壇》 Forum
拉斐爾·赫斯特 Raphael Hurst
《印度尋祕之旅》 A Search in Secret India
普拉納南達和尚 Bhikku Prajnananda
費德利克·孚雷徹 Frederick Fletcher
郎古 Rangoon
《星期日快報》 Sunday Express
芭絲葛琳·馬雷 Pascaline Mallet
《朝向東方》 Turn Eastwards
喬依絲·希丁 Joyce H. Hidding
亞倫·維特沃斯·查德威克 Allen Wentworth Chadwick
摩里斯·福里曼 Maurice Frydman
寇恩 Cohen
鄧肯·葛林利斯 Duncan Greenlees
齊瑪博士 Dr. H. Zimmer
〈大師餐桌上的遺珠〉 Crumbs from the Master's Table
歐格·佛貝·克普欽 Olge Frobe Kepkyn
阿斯柯納泰新卡布里之家 Casa Garbivella Ascona-Tessim

37
馬哈拉斯塔 Maharashtra
賽斯 Seth
火 agni
凝視啟蒙 kataksha diksha
馬哈拉斯塔的庫卡尼 Kulkarni of Maharashtra
至上上師 sadguru
濕婆·香卡拉 Siva Sankara
凱拉薩 Kailasa
親炙上師、共修 satsang
願力 sankalpa

38
心識印記 samskara
納馬瓦 Nammalwar
火供 homa
瓦里馬萊·穆魯剛 Vallimalai Murugan
〈蓋亞曲神咒〉 Gayatri
宇宙之眼薩維塔 Savita
戈拉克普 Gorakhpur
桑塔瑪 Santammal
拉瑪那塔普朗 Ramanathapuram

39
維卡特史瓦瑞·沙瑪 Venkateswara

上師學校 Gurukula
斯拉瓦納貝拉戈拉 Sravanabelagola
朋迪切里 Pondicherry
維斯瓦納沙·布拉馬恰利 Viswanatha Brahmachari
穆納葛拉·韋克達拉邁爾 Mungala Venkataramaiah
瑪克希 Kamakshi
拉瑪羌卓·考定亞 Ramachandra Kaundinya
《對話真我》 Talks with Sri Ramana Maharshi
《三城神話》 Tripura Rahasyam
孫達雷瑟·艾耶 Sundaresa Iyer
蘇布拉瑪尼亞 Subrahmanian
儀軌梵咒 Mantra Sastra
《拉瑪那尊者著作合輯》 Nool Tirattu
《向拉瑪那神聖臨在致敬》 Ramana Sannidhi Murai
契圖爾 Chittoor
《日處真我》 Day by Day with Bhagavan
〈阿魯那佳拉讚歌五首〉 Arunachala Stuti Panchakam
吉里達魯·那拉辛哈·饒 Griddalur Narasimha Rao
朗·維卡塔·蘇巴拉麥爾 Gurram Venkata Subbaramaiah
《聖薄伽梵歌珍寶》 Sri Bhagavad Gita Ratnamalika ,又稱《聖薄伽梵歌精粹》 Sri Bhagavad Gita Saram
蘇孋·娜葛瑪 Suri Nagamma
《拉瑪那道場書信輯》 Sri Ramana Ashrama Lekhalu

35

《阿魯那佳拉榮耀經》 Arunachala Mahatmayam
《全知》 Sarvajnanotharam
《真我科學之歌》 Atmavidya Kirtana
〈靈性教導〉 Upadesa Saram
溫帝帕拉 Undipara
《儀軌經》 Poorva-mimamsa
克里盧那·畢克修 Krishna Bhikshu
肉身 De'ham 、我不是 Na'ham 、我是誰 Ko'ham 、我是『那個』 So'ham
《塔宇瑪努瓦》 Tayumanuvar
《無上明辨經》 Vivekachoodamani
《喜悅波流經》 Sivananda Lahari
安利塔南達·加提 Amritananda Yati
瓦拉魯奇 Vararuchi
詩人阿瓦亞 Avvayar
希瓦拉特利 Sivarathri
摩璃加斯拉月阿達星日 the asterism of Ardra in the month of Mrigasira
拉瑪那道場文字部 Sri Ramanasrama Granthamala
北印語《拉瑪那傳》 Sri Ramana Charitamrit
《真理詩頌四十則》 Sat-darsan
《真理詩頌四十則注釋》 Sat-darsana Bhashya

31

蒂魯維加度神廟 Tiruvengadu temple

蒂魯帕地 Tirupati

孟嘉拉瑪 Mangalammal

那拉揚·勒迪 Narayana Reddy

尼倫伽南達史瓦米 Niranjanananda

32

巴凡布提 Bhavabhuti

阿魏香料 asafoetida

帕利聖泉 Paliteertham

主母像 Matrubhuteswara

〈桑答禮雅巴頌詩六首〉 Soundaryamba shatkam

阿加撒瑪那聖泉 Aghasamana teertha

韓福瑞 Humphreys

悉達派 siddha

拉瑪那聖泉 Ramanateertham

33

堂達帕尼史瓦米 Dandapaniswami

安巴神 Amba

拉瑪尼亞·格郎塔拉亞 Ramaneeya Granthalaya 書店

庫恩猶史瓦米 Kunjuswami

羅摩克里虛那史瓦米 Ramakrishna Swami

坦格維魯·皮萊 Thangavelu Pillai

慕努史瓦米·艾耶 Munuswamy Iyer

慕努史瓦米 Munuswami

納拉辛哈史瓦米 Narasimhaswami

帕拉寇圖小屋 Palakothu

阿加斯塔聖泉 Agastyateertham

奧羅賓度·玻斯 Aurobindo Bose

馬哈斯塔那小屋 Mahasthana

麥蓋佛 McIver

切提爾區 Chettiar

高恩德區 Gounder

拉瑪那納加 Ramananagar

達瓦拉吉·穆達利爾 Devaraja Mudaliar

拉瑪亞 Ramaiah

蘇巴拉瑪·勒迪 Subbarama Reddy

34

生辰星日 Janma-Nakshatra

澎戈節 Pongal

畢詩馬 Bhishma

巴羅達的馬哈拉尼 Maharani of Baroda

慕魯古拿 Murugunar

《大瑜伽》 Maha Yoga

瑜伽行者拉瑪亞 Sri Yogi Ramaiah

莫普魯村 Mopuru

詩人卡比兒 Kabir

聖布拉瑪南達·提爾他 Sri Brahmananda Teertha

塔拉卡梵咒 Taraka Mantra

保羅·布倫頓 Paul Brunton

薩稜 Salem

蘇塔南達·巴拉帝 Suddhananda Bharati

《巴拉塔薩克帝》 Bharata Sakti

V·V·S·艾耶 V.V.S. Ayyar

切朗馬哈德維 Cheranmahadevi

本心之內 Hridaya kuhara madhye
阿里亞 Arya
坦米爾納度邦 Tamilnadu
宗族 gotra
戴瓦拉塔 Daivaratha
嘎加納那 Gajanana
《唯巴克八首》 Vibhaktyashtakam
巴拉朵加 Bharadwaja
克里虛那·艾耶 Krishna Ayyar
瓦達那塔·艾耶 Vaidhyanatha Iyer
瑜伽那達·亞亭達 Yoganatha Yatindra
香卡拉納拉揚那 Sankaranarayana
《烏瑪薩哈斯里》 Uma Sahasri
《神聖瓦西斯塔》 Vasishta Vaibhavam
奧羅賓多尊者 Sri Aurobindo
薇薩拉克希 Visalakshi
巴拉朵加·瓦達巴 Bharadwaja Vaidarbha
翁戈勒 Ongole
齊烏庫拉·維克塔·夏斯特里 Chivukula Venkata Sastry
烏帕尼沙巴拉門達·薩拉斯瓦提 Upanishadbhramendra Saraswati
阿米塔那達·亞亭達 Amritanatha Yatindra
戰神卡提克亞 Kartikeya
史瓦米馬萊 Swamimalai
維卡塔恰拉 Venkatachala
生命底蘊的真知 bhooma vidya
大悟者納拉達 Maharshi Narada
布拉馬希·撒那庫馬拉 Brahmarshi Sanatkumara
庫馬利拉 Kumarila
達羅毗荼德薩 Dravidadesa
庫馬利拉·巴塔 Kumarila Bhatta
曼加拉偈子 mangala sloka

28

儂弟 Nondi
卡瑪拉 Kamala
秦納·卡魯邦 Chinna Karuppan
傑克一號 Jack 1
琦萊·帕緹Keerai Patti

29

歡喜林伽 Jyotirlinga
斯塔拉神話 sthala-purana
舞神 Nataraja
納德薩·穆達利爾 Natesa Mudaliar

30

斯里·佩魯布督 Sri Perumbudur
蘇布拉曼亞·艾耶 J. V. Subrahmanyan Iyer
塔宇瑪努瓦 Tayamanuvar
〈拉瑪那珍寶讚〉 Ramana Stotra Manjari
〈拉瑪那十六讚〉 Ramana Stotra Shodasam
〈拉瑪那在諸多法界的婚禮花圈〉 Ramana naan manimalai
〈拉瑪那百句〉 Ramana Sataka
《開示珍寶》 Upadesa Manjari

25
萬達瓦西 Vandavasi
塔魯克 Taluq
瓦祖 Vazhur
八千婆羅門 Ashtasahasram Brahmin
卡馬寇提·薩斯崔阿 Kamakoti Sastriar
坎其樸朗 Kanchipuram
女神卡瑪克希 Kamakshi
〈五百句無言經〉 Mukapanchasati
至上大力梵咒 sakti[Bala] mantra
沛里安達瓦祠 Periandavar
言靈 vaksiddhi
索馬孫德倫·史瓦米 Somasundara Swami
論師 Sastry
坎巴度·依拉亞納祠 Kambathu Ilayanar
蒂魯瓦魯·蘇布拉曼亞·慕達遼 Tiruvallur Subrahmanya Mudaliar
幻相 atma vidya
〈繞行聖山〉 Giripradakshina
V·C·納拉揚·艾耶 V. C. Narayana Ayyar

26
達羅毗荼人 Dravidian
艾亞史瓦米 Ayyaswami
喀拉拉 Kerala
商羯羅 Adi Sankara
斯林傑里僧院 Sringeri math
《商羯羅傳》 Sankara Vijayam
《上師讚》 Gurusthuthi
《哈斯塔馬拉卡經》 Hastamalakam
阿馬路卡王 King Amaruka
帕德馬帕德 Padmapada
哈斯塔馬拉卡 Hastamalaka
小我 Jiva
浪漫 sringara
佳亞德瓦 Jayadeva
《戈維達之歌》 Gita Govinda
《德維卡洛塔拉經》 Devikalottaram
〈永恆真知探究〉 Jnanachara vicharam patalam
唐家梧 Tanjavur
庫普史瓦米·拉裘 Kuppuswami Raju
加格那羅摩·迪克希 Yagnarama Dikshit
維里達恰蘭 Vriddachalam
羅摩靈甘 Ramalingam
維巴 Venba
《九寶項鍊》 Navamani-malai
沙巴 Sabha
《聖阿魯那佳拉十一詩篇》 Arunachala padikam, Eleven Verses to Sri Arunachala
《阿魯那佳拉頌詩八首》 Arunachala ashtakam, Eight stanzas to Arunachala
那拉揚·勒迪 Narayana Reddi

27
曼達薩村 Mandasa
拉瑪那達·布拉瑪恰理 Ramanatha Brahmachari
加嘎德薩·夏斯特里 Jagadeesa Sastry

瓦米其 Valmiki
毗斯瓦密塔 Viswamitra
杜瓦 Dhruva
卡力德薩 Kalidasa
曼達康塔 mandakranta
〈甜美訊息〉 Bhringasandesa
聲韻學 Chandas
文法修辭學 Vyakarana
納瓦德維巴 Nawadweepa
宮庭詩康達 Kavya Kantha
維洛爾 Vellore
《阿含經》 agama sastras
納瑪達 Narmada
戈達瓦里 Godavari
瓦拉那夕 Varanasi
納西克 Nasik
目標神祇 ishta devata
智者 rishi
靈性知識 sreyas
真知 jnana
無執著 vairagya
烏瑪神 Uma
《烏瑪千句頌》 Umasahasram
帕加阿曼神廟 Pachaiamman Kovil
羅摩史瓦米·艾央格 Ramaswamy Ayyangar
馬德拉斯 Madras
蒂魯沃特尤 Tiruvottiyur
手觸啟蒙 hasta-diksha
法力 siddhas
卡帕里·夏斯特里 Kapali Sastry
《拉瑪那尊者四十首讚歌》 Sri Ramana Chatvarimsat
喀拉普 Kharagpur
寧普拉 Nimpura
《拉瑪那之歌》 Sri Ramana Gita
〈靈性教導〉 Upadesasaram
〈阿魯那佳拉五頌〉 Arunachala Pancharatna

23

瑪那瓦希·羅摩史瓦米·艾耶 Manavasi Ramaswami Iyer
我求庇護於您 Saranagati
坦米爾曆索米亞年阿迪月十八日 Adi of the year Sowmya

24

加塔史瓦米 Jataswami
巴拉南達史瓦米 Balanandaswami
《普拉斯塔納頌》 Prasthana Traya
慕塔亞 Muthaiah
無分別三摩地 nirvikalpa samadhi
蘭加史瓦米·艾言格 Rangaswamy Iyengar
卡拉哈斯地 Kalahasti
達他崔亞梵咒 Dattatreya mantra
玻迪蓋 Podigai
聖人阿加斯特亞 Agastya
舒里蘭根 Srirangam
沛魯馬史瓦米 Perumalswami
馬斯坦 Mastan

拉瑪努亞恰拉 Ramanujacharya
堪德史瓦米 Kandaswami

19
甘布倫·謝夏雅 Gambhiram Seshaya
羅摩 Rama
維韋卡南達尊者 Swami Vivekananda
《王者瑜伽》 Rajayoga
《羅摩之歌》 Rama Geeta
納塔那南達 Natanananda
坦米爾語《探究真我》Vichara Sangraha
普拉納瓦南達史瓦米 Swami Pranavananda
商羯羅 Sankaracharya
上師奉獻 gurudakshina
克里虛那亞 Krishnayya
帕德瑪那巴尊者 Padmanabha Swami，又名為加塔史瓦米 Jataswami

20
《瓦西斯塔瑜伽》 Yoga Vasishta
西瓦普雷克薩姆·皮萊 Sivaprakasam Pillai
阿寇區營收部Revenue Department of Arcot district
香灰 vibhuti
〈恩典錄〉 Anugraha Ahaval
千甘 Chengam

21
耶夏摩 Echammal
曼達寇盧土 Mandakolutur
內羅爾區 Nellore
卡列度村 Karedu
庫瑪拉史瓦米 Kumaraswami
康度庫魯 Kandukuru
毗溼瓦那達 Vishwanatha
戈卡那 Gokarna
切拉瑪 Chellammal
鸚鵡洞 Kili guha
卡亞康達·加納帕提·慕尼 Kavyakanta Ganapati Muni
毗莎拉克希 Visalakshi
瑟夏迪 史瓦米 Seshadri Swami

22
阿迪姆帝壇 Adimudi
安德拉 Andhra
心靈質 Chitta
《濕婆千句經》 Sivasahasri
玻畢里 Bobbili
卡魯瓦拉伊 Kaluvarayi
卡瓦·康達·加納帕提·夏斯特里（加納帕提·慕尼）Kavya Kantha Ganapati Sastry
納拉辛哈·夏斯特里 Narasimha Sastry
卡西聖城 Kasi
宮庭詩 kavays
天文曆 panchangam
《羅摩衍那》 Ramayana
《摩訶婆羅多》 Mahabharata
亞沙 Vyasa

《解脫精義》 Kaivalya Navaneetam

15
僧院 adheenam
戴瓦希卡馬尼·德希卡 Daivasikamani Desikar
蒂魯瓦納瑪萊僧院 Tiruvannamalai adheenam
昆拿庫地 Kunnakudi
基爾那舍 Kilnathur
古魯墓廟 Gurumurtam
阿南瑪萊·坦伯蘭 Annamalai Tambiran
切提爾 Chettiar
孫德倫慕提 Sundaramurthi
那加林伽史瓦米 Nagalingaswami
維那亞卡廟 Vinayaka
依萊宇村 Eraiyur
利尼瓦撒·艾耶 Srinivasa Iyer
竺瓦 Dhruva
范卡塔拉馬·奈可 Venkataramana Naicker

16
蒂魯瓦南塔普朗 Tiruvananthapuram
蒂魯拿桑邦達僧院 Tirugnanasambandar math
納拉揚史瓦米·艾耶 Narayanaswami Iyer
大成就者 mahatma
慕他瑪 Muthamma
帕瓦拉崑德魯山 Pavalakundru
高達瑪 Gautama
帕恰阿巴·皮萊 Pachaiappa Pillai

17
迦拿卡 Janaka
達他崔亞 Dattatreya
至上上主 Parameswara
智慧格言 mahavakyas
坦米爾聖詩 Thevarams
聖樂 Tiruppugazh
那加凌嘎史瓦米 Nagalingaswamy

18
迦納帕蒂 Ganapati
帕瓦提 Parvati
庫瑪拉 Kumara
克勞札山 Krauncha
勒姆利亞 Lemuria
因陀羅聖泉 Indra teertham
至尊上師洞 Sadguruswami Cave
思里賽蘭 Srisailam
毗濕婆 Veerasaiva
信徒古海·那瑪斯瓦雅 Guha Namasivaya
維魯巴沙·德瓦 Virupaksha Deva
史堪德道場 Skandasramam
克里提凱節 Krittikai
慕賴帕聖泉 Mulaipal Teertham
安畢卡 Ambika
蘭加恰拉 Rangacharya
芒果樹洞 Chuthaguha

隨從 ganas
供奉 pooja
阿特曼光輝 atma-jyoti
丘卡那達 Chokkanatha
吉魯 Kilur
維拉特史瓦瑞神廟 Virateswarar temple
蘇克里西那·巴格瓦塔 Muthukrishna Bhagavatar

11
條喀拉加 Tyagaraja
瓦魯那 Varuna
畢利谷 Bhrigu
苦行 tapas

12
啟蒙 diksha
咒音 mantra
南面神濕婆 Dakshinamurti
阿央庫南水池 Ayyankulam Tank
欲望 kama
聖帶 yagnopaveetam
修行鍛鍊 sadhana

13
維拉拉 Vellala
普羅達·德瓦·拉瓦 Praudda Deva Rayar
塔雷亞康 Taleyarkhan
芭蕉園 Vazhaithotam
克里虛那德瓦·拉亞尊者 Sri Krishnadeva Raya
卡巴提拉亞那壇 Kambathilayanar
西瓦岡格·皮拉亞壇 Sivagangai Pillayar
蘇布拉曼亞 Subrahmanya
皮拉亞指維格那史瓦瑞 Vighneswara
維加亞那嘎拉 Vijayanagara
阿魯那吉里納薩 Arunagirinathar
桑邦達·安登 Sambanda Andan
戈普拉·蘇布拉曼亞尊者 Gopura Subrahmanya Swami
慕圖 Muthu

14
瘋子瑟夏迪 Mad Seshadri
林伽地窖 Pathala lingam
光明節 deepam
維雷育達·切堤 Velayudha Chetty
拉特拿瑪 Ratnammal
毛納師父 Maunaswami
馬拉亞里人 Malayalee
維卡塔恰拉·穆達利爾 Venkatachala Mudaliar
秦南史瓦米 Chinna Swami
巴拉尼史瓦米 Palaniswami
梵天尊者 Brahmana Swami
烏瑪女神 Uma Devi
化緣 bhiksha
神聖花園 Nandanavanam
神轎殿 Vahana Mantapam
汪達瓦西 Vandavasi
蒂魯馬尼 Tirumani
烏當迪·那耶拿 Uddandi Nayanar

5
《神聖虔誠者傳奇》 Periapuranam
袞拉地區 Chola
阿那帕耶·袞拉 Anapaya Chola
詩人色吉扎 Sekkizhar
蒂魯那伍克勒色 Tirunavukkarasar
阿帕 Appar
聖地 kshetra
林伽 lingas
濕婆聖地 shivasthanas
濕婆使徒團 Nayanmar
那塔拉雅 Nataraja
上主克里虛那 Krishna
上主伊濕瓦若 Easwara
半男半女 ardha nareeswara

6
瑪那馬度賴 Manamadurai
佳娜祺·阿瑪兒 Janaki Ammal
祈巴瓦南達史瓦米 Swami Chidbhavananda
真我、阿特曼 Atman
《卡塔奧義書》 Katha Upanishad
朗格南塔南達史瓦米 Swami Rangananthananda
至上大力米娜卡希 Sakti Meenakshi
至上大力 para-prakriti sakti
十二脈輪主神之地 dvadasanta mahasthali
我在 Aham
《真理詩頌四十則》 Ulladu Narpadu, Reality in Forty Verses
史瓦米那坦 K. Swaminathan
商羯羅 Sankara
《瓦西斯坦智慧經》 Jnana Vasishta

7
潔淨清明之殿 sattva pathi 。
羅摩克里虛那天鵝尊者 Sri Ramakrishna Paramahamsa
孫德倫斯瓦爾 Sundarareswarar
前世 janma

8
拜恩 Alexander Bain

9
阮扎·艾耶 Ranga Iyer
維魯普蘭—馬德拉斯鐵路 Villupuram-Madras
維魯普蘭—卡特帕地鐵路 Villupuram-Katpadi
蒂魯科盧 Tirukkoilur

10
蒂魯奇奇拉帕里 Tiruchchirapalli
曼巴拉帕圖 Mambalapattu
阿拉耶尼那魯 Arayaninallur
濕婆蘭卡普里 Sivalankapuri
阿圖寮那特史瓦瑞 Atulyanatheswara
迦納·桑邦達 Jnana Sambandar
阿魯那吉里 Arunagiri

譯名對照

依照首次出現順序排列

1

祁丹巴蘭 Chidambaram

布米那瑟史瓦瑞 Bhoominatheswara

莎哈雅芭 Sahayamba

孫德倫・艾耶 Sundaram Iyer

阿樂葛瑪 Alagamma

拉西米・阿卯 Lakshmi Ammal

布納瓦蘇 Punarvasu

羅摩史瓦米 Ramaswami

納格史瓦米 Nagaswami

2

聖維卡特史瓦瑞 Sri Venkateswara

維卡特史瓦瑞・艾耶 Vendateswara Iyer

馬杜賴 Madurai

蒂魯帕朗昆札 Tirupparankundram

濕婆南達瑜伽行者 Sivananda Yogi

〈創造力量五音咒〉 sakti-panchakshari japa

達羅毗荼 Dravida

斯馬他 Smarta

布拉恰拉納 Brahacharana

《伽尤沙卡經》 Yajus sakha

《阿巴斯坦寶經》 Apasthamba sutras

3

米納卡希 Meenakshi

維克達拉瑪 Venkataraman

拉克施曼・艾耶 Lakshmana Iyer

親愛的拉瑪那 Nayana Ramani

馬度賴・那亞根・皮萊 Madhura Nayagam Pillai

舒巴・艾耶 Subbu Iyer

丁迪古爾 Dindigul

希朗亞巴胡 Hiranyabahu

阿畢拉米・阿曼・寇維街 Abhirami Amman Kovil

斯里尼瓦 Srinivas

昆巴卡那 Kumbhakarna

北阿瓦尼街 North Avani Street

北齊塔利街 North Chitari

4

岡汀耶河 Kaundinya

索拉聖泉 Soola tirtham

馬伽月 Magha

納格孫德倫 Nagasundaram

阿樂美露 Alamelu

納里爾巴・艾耶 Nelliappa Iyer

瓦加河 Vaigai

皮拉亞湖 Pillayar

阿布杜・瓦哈比 Abdul Wahab

喬克帕・納誠街 Chokkappa Naicken street

羅摩史瓦米・艾耶 Ramaswami Iyer

阿魯那佳拉 Arunachala

蒂魯瓦納瑪萊 Tiruvannamalai